百萬封情書

美國奶奶孫理蓮的深情人生

鄭維棕、楊淑清——著

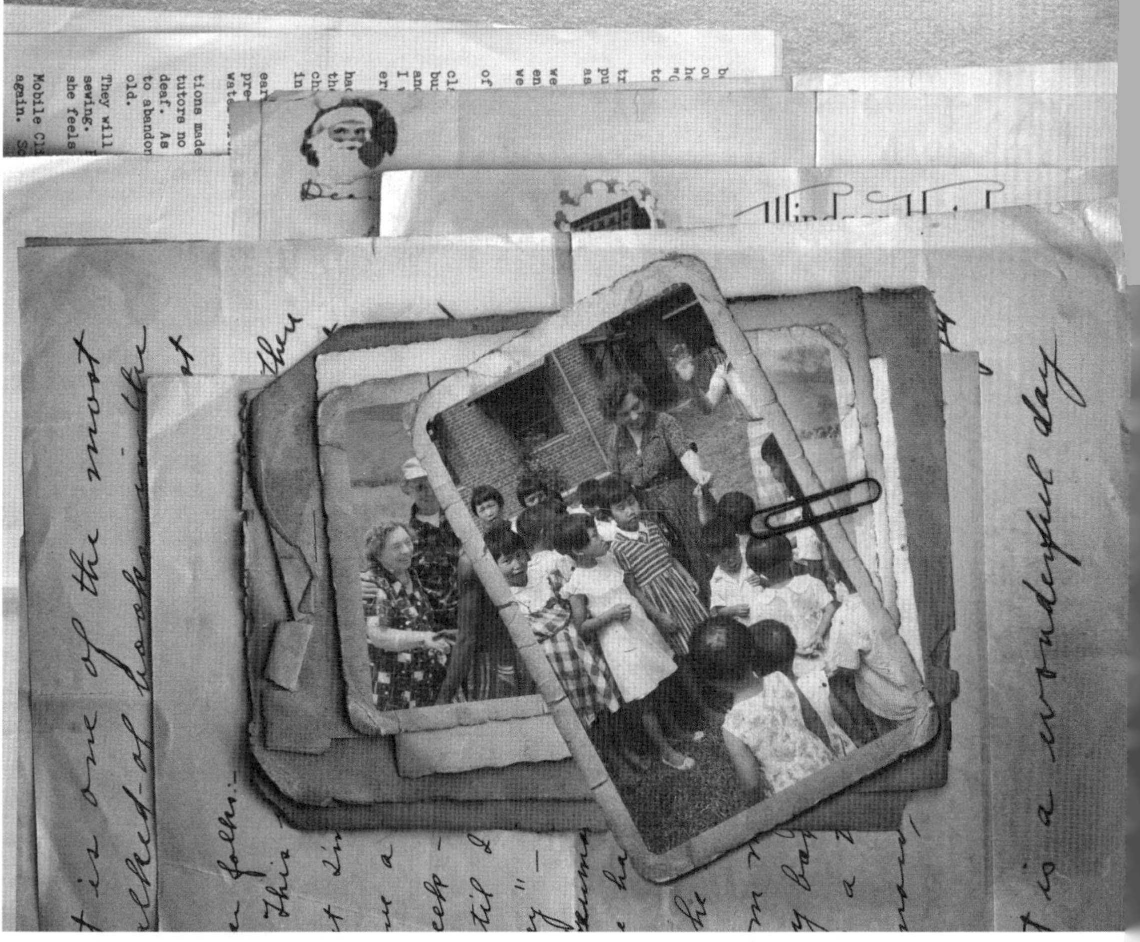

戰後滿目瘡痍的台灣，需要救助的人太多、物資太少！

為了給孤兒一個家，為了將醫療資源帶給偏鄉窮苦之人，為了讓流浪街頭的少年走上正途、接受教育，為了替漢生病友和烏腳病患爭取生存與尊嚴……從一九五一年起，孫理蓮女士以書信，向海外的基督徒募款、募物資。

從每個月五十封到幾百封的親筆函，到往後的每個月成千上萬封印刷信，三十多年從無間斷。這些信，將海外各地的愛，在台灣匯流在一起。

無數個夜裡，伏案的身影，一封封的信，是台灣最美的情書。

專文推薦

最幸福的生活

瑪莉安（Marilyn Dickson）

我的母親理蓮，小時候有個綽號叫「我先」（Me First），因為她是我外祖父的掌上明珠，小時候經常哭著耍賴說：「我先！」

儘管從小就去教堂，但她一直是位無神論者，且志向是成為一位優秀的記者，「成為宣教士」這樣的想法，從未在她的腦海中出現。

在十八歲時，理蓮成為了基督徒。在大學裡，她認識了我父親雅各，他讀完神學院後不久，他們便結婚，且同意教會將他們宣派到台灣。

隨著自己的孩子逐漸長大，理蓮開始看到了台灣的各種需求：肺病在原住民部落肆虐；原住民母親需要一個安全衛生的地方生小孩；她也成立了「習藝所」，讓原住民青年能適應漢人的工作。「當年輕人有工作時，偷竊或乞討的可能性就會大大降低。」她這麼說。

理蓮發現，樂生療養院每週至少有三位病患自殺。她便著手為患者提供醫療資源、食物與職能治療室。她相信法蘭克・劉巴赫（Frank Laubach）的理念：「當你先滿足一個人的迫切需要後，你才能滿足他的真正需要——對救世主的渴望。」

她告訴我：「我為上帝而工作，這是最幸福的生活！」

明智的領袖們將發光，像天上的光體一樣。那些教導多人秉公行義的，將像星星一樣永遠發光。＊

（本文作者為孫理蓮之女）

＊聖經〈但以理書〉12章3節。

專文推薦

一九五七年初夏的生命事件

夏忠堅

那應該是一九五七年四、五月的初夏，孫理蓮牧師娘來到我家，把我跟我哥哥接到台北來。我出生在澎湖的七美，一九五七年我讀小學二年級，住在望安，那時候我爸爸在望安的花宅長老教會牧會。

小時候，記憶中所填滿的都是貧窮。幾乎是每天下午，我爸爸騎著腳踏車（那是我家唯一值錢的東西）探訪會友回來，不必等他招呼，我就拿著畚箕、小耙子，坐上腳踏車前槓。爸爸帶著我出去扒牛糞，村子裡哪裡有牛糞，他好像都巡視得很清楚。路上，他永遠只唱一首歌：「我心大歡喜，我的嘴要吟詩……」我那麼幼小，心裡都會狐疑著：「你到底有什麼好歡喜的？」

扒完牛糞，回家之後，我要摻合一些剁碎的高粱葉子，做成牛糞球，壓成牛糞餅貼在牆上，三、四天後收下來給我媽媽當作柴火（不必質疑，純手工的）。整個村子裡，大家雖然都窮，但沒有人扒牛糞，沒有人家燒牛糞餅，只有我們家。

孫理蓮牧師娘在台北開辦了兩個孤兒院，我爸爸協助她轉介澎湖的孤兒。孫理蓮牧師娘對我爸爸媽媽說：「我看你們家庭比孤兒的家庭還要貧窮，讓我把你們家的四個孩子帶到台北的孤兒院去，讓他們有機會可以念書。」我兩個妹妹年幼，還沒有上學，媽媽捨不得讓她們離開家；我跟小哥是男生，有機會讀書當然是好。

於是，我跟我小哥就被收容到孫理蓮牧師娘所設立的「兒童之家別館」。我從小學二年級下學期開始，一直到大學畢業，都是在孤兒院裡成長。

雖然，我是在孫理蓮牧師娘所設立的孤兒院成長，但是我對她個人所知其實很有限。在孤兒院裡，我們很少聽到有關孫牧師娘的出生背景、事蹟，只知道她會為我們做一些很特別的事。譬如，她買了兩匹馬由我們飼養，好讓孩子可以騎馬，因為台灣的孩子沒有機會騎馬。

她說孩子一定會愛狗，於是買了兩隻狼犬給我們，她哪知道我們很愛帶狼狗去附近農家跟土狗打架。她在萬里海邊購置營地，因為美國孩子都會參加夏令營；她也要為她的孩子們舉辦夏令營，可以去海邊游泳。有一年，陽明山下雪，她臨時租遊覽車，帶所有的孩子上山去看雪、吃火雞大餐。那時候，我只知道在孤兒院裡有飯吃、有衣服穿、有自己的床鋪可以睡覺、可以騎馬、可以帶狗打架。那時候，我哪裡能體會什麼叫愛？哪裡能真正了解孫理蓮牧師娘對我們這些孩子的愛？

有幾次，孤兒院的院長去台北芥菜種會事務所開會，回來會說：「今天牧師娘掃颱風！」意思是牧師娘發脾氣了。可是每個月一兩次她來巡視孤兒院，我從來只看到她和藹的笑臉。

以美國人的身高來說，她算是個矮小的婦人，她背著大型的手風琴帶領我們唱詩歌。大型手風琴對她來說顯得相當沉重。我那時只知道一元美金可以換到四十元台幣，哪裡會了解她用多大的信心背負肩膀上的重擔？哪裡會知道她除了孤兒院之外，還要籌募保姆學校、義工學校、樂生療養院、埔里醫院、烏腳病醫院的經費？

每次，孫理蓮牧師娘來看我們，她要離開的時候，我們都會圍繞著她唱一首詩歌：「境遇好壞是主所定，上帝在照顧你；站主翼下穩當免驚，上帝在照顧你；上帝在照顧你，各日在顧，各日導路；上帝在照顧你，上帝在照顧你。」

每次唱這首歌，心裡都有點感傷。牧師娘流著淚聽孩子們唱這首詩歌，心裡不知道有沒有得到當得的安慰與盼望？但是知道牧師娘還會繼續來看我們，也知道「上帝在照顧你」，我的心裡就很有盼望。

當我長大成人，也蒙召成為傳道人，我知道，沒有孫理蓮牧師娘，就不會有今天的我；沒有充滿愛心、信心、盼望的孫理蓮牧師娘，很多人都不知道人生的處境將會如何！

透過《一百萬封情書》這本書，我才真正認識孫理蓮牧師娘，知道她的生涯、愛情、堅持、付出、歡笑、眼淚、努力、貢獻……。然而，看著我們騎馬，彈手風琴帶我們唱〈至好朋友就是耶穌〉，在聖誕樹邊發聖誕禮物給我們，微笑著擦眼淚跟我們一起唱〈境遇好壞是主所定〉……這位孫牧師娘才是我們的孫牧師娘，她是我們大家的媽媽。

孫理蓮牧師娘是一位「愛的播種者」，她所播下的愛心、信心、盼望，都已經如同「芥菜種」，在千萬受助者的生命中長大成樹，讓飛鳥可以棲息。唯願本書所傳達的精神，可以讓孫理蓮牧師娘的「芥菜種」繼續生長蔓延，「芥菜種不怕落土爛，只求枝葉代代傳」。

（本文作者為中華基督教福音協進會、中華基督教救助協會秘書長）

專文推薦

想當年，撐起台灣社福半邊天的孫理蓮

鄭仰恩

由基督教芥菜種會主責規劃、啟示出版負責編輯出版的《一百萬封情書》即將面世，真是可喜可賀。受到加拿大長老教會的差派，孫理蓮跟隨夫婿孫雅各於日治中期的一九二七年抵台，成為台灣基督長老教會的宣教士，先是從事中學教育和神學教育的工作，不久也開始關心台灣原住民的宣教工作。孫雅各夫婦兩人一生獻身台灣，也埋骨台灣，令人感佩。

◆勇於回應時代與社會需求

對孫雅各來說，毫無疑問地，神學教育和原住民宣教是他一生對台灣的兩大貢獻。至於孫理蓮，她是宣教士的妻子，嚴格來說，並不算是正式的宣教士，眾人大多稱她「孫師母」或「孫牧師娘」。然而，她卻立志要做一位「太太宣教士」，不甘於只做「宣教士太太」，這便成就了她一生的美好典範。

孫理蓮善於籌募並連結各種資源，當她看見社會最底層的需求時，總是不顧一切地熱切予以回應。在她的積極推動下，各式各樣的服務工作及機構紛紛成立，撫慰且醫治了二次大戰後台灣社會的巨大傷口。我們可以大膽地說，她撐起了當年台灣社福的半邊天。

結果是，我們看到，孫理蓮在教會體制外以個人之力創辦「基督教芥菜種會」（The Mustard Seed Mission），全面展開社會服務及慈善工作，是台灣最早立案也最重要的民間社福機構。

自一九五〇年代起，先後在台灣各地設立兒童之家、愛心育幼院、殘障之家、少年之家、花蓮山地醫療團、原住民肺病療養院、馬利亞產院、墊腳石學校、花蓮護理學校、原住民職業訓練學校（汽車修理班、農業班、駕駛班）、保姆學校、護理學校等，並協助漢生病工作（在樂生療養院提供醫療並建立聖望教會），也在台南北門嶼建立名為「憐憫之門」的烏腳病診所，由謝緯和王金河兩位醫師主責。這期間，孫雅各和孫理蓮也協助各地原住民教會興建了大約四百間的「石頭教堂」。

後來，由於孫雅各在臨終前曾提議可派遣台灣原住民牧者前往南洋地區宣教，在他於一九六七年過世後，孫理蓮就邀請長老教會牧長組成「焚棘海外宣道會」（Burning Bush Mission），經考察宣教區一年後，向長老教會總會借聘八位原住民牧者，於一九六八年十一月正式派遣第一批四位牧者，再於一九七一年差派第二批四位牧者及家族前往馬來西亞砂拉越（Sarawak）向當地原住民伊班族（Iban）宣教。

這是台灣教會史上首次派遣原住民宣教士（八位牧者為林金元、高清玄、陳榮福、吳明義、張天成、李學聖、曾傳火及全所哲）前往海外宣教的重要歷史見證。自一九七〇年代起，孫理蓮也在新幾內亞、印尼、馬來西亞、中南半島、非洲史瓦濟蘭等地分別設立基督教各級學校、農業職業學校以及海外救濟慈善工作等。基督教芥菜種會近年來則是致力於弱勢兒少、婦女與銀髮族等新形態工作。

◆充滿冒險與實踐熱忱的心志

談到勇往無懼的孫理蓮（難怪綽號是「颱風理蓮」），讓我想到另一位「太太宣教士」——吳威廉牧師娘，也就是被稱為「台灣教會音樂之母」的吳瑪利（Margaret Mellis Gauld, 1867-1960）。

她的外孫女，也就是加拿大著名作家李琴恩（Jean Little）如此回憶道：「對瑪利阿嬤來說，台灣的生活就是她全部生活的重心和最閃耀的部分，是她人生中最偉大的冒險，相對地，照顧孩子、洗菜煮飯只不過是一種『義務』罷了。

「如果吳威廉不曾聽到馬偕的演講，他大概會留在此地且成為溫塔里奧省裡一個地方小鎮的平凡牧師。但是，去到台灣，瑪利阿嬤可以指揮百人大合唱、演出《彌賽亞》等，這對她而言才是美妙的事。人們往往因為她必須離開自己的孩子、遠走他鄉而感到難過，他們也覺得吳威廉很無情。我不覺得如此。她其實很快樂，在台灣一定感覺棒極了。在當時，送孩子去讀寄宿學校是很平常的事，不會覺得很沒有人情。」

李琴恩進一步表示，宣教士有兩種：一種是心志強烈、靈性豐富、敬虔型的，另一種則是好冒險型的（adventurous type）。另一位加拿大宣教士羅明遠醫師（Bob McClure）也曾表示，他的父親因為對於整天坐在診療室看病人感到厭煩，最後終於決定成為海外宣教士。

事實上，琴恩的大姨，也是長年在樂山園服務的吳阿玉（Greta Gauld, 1897-1985）也是一個好例子：她總是認為自己不可能成為宣教士，但最後卻還是加入了。琴恩很清楚，阿玉大姨最討厭填寫宣教士的申請書，更討厭回答信仰的問題。她常常在申請書上直言：「我知道我信仰什麼，要嘛就送我出去，不然我留在家裡也可以！」然而，儘管她不喜歡填表和回答信仰問題，她卻擁有成為宣教士最好的語言專長，她很安靜，卻是一位信仰實踐者。

孫理蓮這位文筆優美、總是以「小婦人」觀點述說周遭神奇小故事的美國奶奶，為台灣寄出了百萬封情書，也因而提昇且豐富了無數台灣人的生命與價值。理蓮阿嬤，我們深深感謝妳！

（本文作者為台灣神學院教會歷史學教授，國立台灣大學兼任教授）

Content

第三部　前進圭亞那　105

第四部　再會福爾摩沙　131

第五部　播下第一粒種籽　237

前言　動人的篇章尚未完結

「我回來了，回到福爾摩沙，我的家，我的歸屬、深深扎根的地方！」這是孫理蓮在一九五一年寫給美國好友的一段話，字裡行間洋溢著對台灣濃厚的情感。

哪裡有需要，就往那裡去

到現在仍然很難想像，一位從小生長在美國的年輕女性，要怎麼放下在家鄉的父母、朋友、一切的一切，與先生一起遠渡重洋來到未知的台灣，只為了幫助當地的人們？

更令人動容的是，從「孫牧師娘」到「美國奶奶」，這位女性從一九二七年就來到台灣，一直到一九八三年於工作中辭世，她將人生最精華的五十年都獻給了台灣。

對於需要幫助的人們，她總是慷慨地給予而不求回報。孤兒沒有住的地方，她便打造溫暖的育幼院；青年想學習一技之長，她就啟用職業訓練學校；原住民部落缺乏資源，她便蓋醫院、學校與教堂；漢生病患深受身心的折磨，她便帶醫師進駐樂生療養院；烏腳病患亟需治療，她便在台南北門興建憐憫之門診所……

所有這些社會救助的工作，都透過她於一九五二年創立的社福組織「芥菜種會」來完成。經由芥菜種會，她扶助了逾九十萬的弱勢兒少、原住民、婦女、病患、視障族群與受刑人。也讓她被受助者尊稱為「孤兒之母」、「原住民之母」、「痲瘋病人之母」與「盲胞之母」。

對孫理蓮來說，「哪裡有需要，就往那裡去」不僅是她的座右銘，也是她一生最美的腳蹤。在台灣那黑暗的年代中，孫理蓮點燃了希望之光。

資源連結高手

除了點燃火焰，孫理蓮也透過連結與募款，使星火可以燎原。這也讓台灣在那社會福利幾近真空的年代，仍有多雙溫暖的手守護著這塊土地。

她在日治時代就認識「世界展望會」的創辦人鮑伯．皮爾斯（Bob Pierce）。這位在孫理蓮口中「一張長著雀斑，有著和善藍眼睛和金紅色捲髮」的宣教士，日後不僅是芥菜種會重要的支持者，更與孫理蓮有深厚的交情。皮爾斯透過孫理蓮了解台灣的欠缺，並大力資助芥菜種會的工作如樂生療養院、原住民醫療、育幼院等。

她的先生孫雅各也在一九四七年坐船去上海，邀請門諾會的醫療團來台灣服務東部的原住民。而門諾會日後在台灣開展的山地巡迴醫療團，孫理蓮也是其中一員，對當時極度欠缺醫療資源的東部山區，可說是久旱逢霖。

其中被稱為「台灣孤兒之父」，同時也是「台灣家扶」首任會長的高甘霖宣教士（Rev. Glen

Daniel Graber），便是門諾會山地巡迴醫療團的一員。這位孫理蓮口中「幽默而天真爛漫」的工作伙伴，不僅在一九五〇年代與孫理蓮一同進入山區，也與孫理蓮共同從事收容孤兒的工作。

孫理蓮在樂生療養院服務時，連結了眾多醫療資源與民生物資，讓當時每週都有病患自殺的療養院，看到希望的曙光。在她的牽線下，「埔里阿公」徐賓諾（Bjarne Gislefoss）、「台灣小兒痲痺症之父」畢嘉士（Olav Bjørgaas）等挪威籍宣教士都進入樂生療養院，其中徐賓諾日後更搬到埔里，在孫理蓮的資助下成立了「基督教山地中心診所」，也就是埔里基督教醫院的前身。

當孫理蓮得知烏腳病患的需要後，她便聯繫在地的王金河醫師與熟識的謝緯醫師，在台南北門鄉設立「憐憫之門」烏腳病免費診所，由孫理蓮資助診所營運的資金，王金河與謝緯為患者義診，三人也被稱為早期烏腳病治療的「鐵三角」。其中王金河醫師日後被尊稱為「台灣烏腳病之父」，謝緯醫師則被尊稱為「台灣史懷哲」。

除了網羅人才，寫信募款也是孫理蓮的一大特色。為了尋求台灣社會救助工作所需要的資源，從一九五一年起至一九八三年，她每個月不間斷地向外國書寫募款信。她的募款信文筆流暢、傳達個人情感且易於閱讀，不僅記錄下台灣的需要，也記錄下台灣的社會變遷。

從早期一個月近五十份書信，到後期每個月五千封航空郵件、兩萬封平信，孫理蓮藉由文字的影響力，讓芥菜種會的社會救助工作不至於「斷炊」，也讓海內外眾多細小平凡的力量，撐起了台灣這塊土地。

動人的篇章尚未完結

這樣一位將畢生奉獻給台灣的女性宣教士，在過去卻一直缺少一本屬於她的個人傳記。幸而在即將到來的孫理蓮一百二十歲誕辰，第一本描繪她一生精彩故事的書籍《一百萬封情書》即將付梓發行。

當我們在閱讀這本書時，是欲罷不能的。這並不是因為我們對孫理蓮了解更多的緣故，而是因為作者在描繪孫理蓮時，不是單純寫她服務多少「個案」；而是在面對一次又一次的挑戰與挫折時，如何以她獨特的溫暖、慈愛、幽默來幫助貧病無依的人們。

畢竟，助人的方式可能會隨著時代的不同而有所轉變；但那顆愛人、愛這塊土地的心，卻不受時間的侷限，能真切地打動各個世代的讀者。在閱讀本書時，我們好像也回到孫理蓮所在的那個年代，感受著她經歷的一切，彷彿動人的篇章尚未完結。

《一百萬封情書》就是這樣真實發生在台灣，足以作為「典範」的美好故事。

基督教芥菜種會謹誌

第一部

來自農場的女孩

孫理蓮（右）是道地的農家女孩，個兒不高但行動敏捷，一頭短髮是她的標誌。

01 傳奇的身世

從一八三四年說起吧！那時，離美國發布《獨立宣言》的一七七六年不過五十八年之久；廣袤的美國國土仍在開拓，來自世界各洲的人民像汩汩鮮血般湧入美國各州，與原住民印第安人展開生存的競爭與拔河。

兵荒馬亂的態勢中，新移民或者搶佔地盤、或者埋首農事。民族大熔爐的原型，正在形成。

這一天傍晚，紐約州一名婦人的頭被劃開了，血噴得到處都是，得緊急送醫。考量到傷口太嚴重，勢必要在醫院住上一段時間，她的丈夫便把六歲的小女兒緊急託給一位鄰居照顧。

鄰居雖然答應了，但她要忙的事情很多，偏偏這個名叫珍妮（Janet）的小女孩三番兩次想跑回家，鄰居農事做到一半，還得跑回去抓人，不勝其煩極了。農場裡還有一大堆活兒要做，哪有時間單顧著她呀？

正發愁，遙見一對男女騎馬的身影迤邐而來——耶帝達．史蒂芬（Jedidiah Steven）牧師夫婦要前往明尼蘇達州的印第安教區。由於剛剛失去了孩子，小女孩的身影格外吸引著夫婦二人的視線。

鄰居把一切看在眼裡，那時人命如草芥，兵荒馬亂的，誰知明天會怎麼樣？一心去掉麻煩的鄰居突發奇想：「說不定她的媽媽救不回來，就這樣死了。」對啊，萬一如此，小女孩誰來照顧呢？「要不你們乾脆收留她？」

牧師夫婦轉過頭一看，小女孩明亮的眼珠子眨呀眨地，一副亟於離開的模樣。於是他們不加思索地點了點頭，載著她離去了。

命運的分野

幾天之後，小女孩的媽媽真如鄰居所說，傷重過世了。待父親回到空無一人的家，發現小女孩竟然被人帶走，氣得抓狂，立刻召集其他鄰居組隊，要把孩子找回來。

這一邊，史蒂芬牧師夫婦按著既定行程前往教區。入夜了，風塵僕僕的他們在俄亥俄州一家小旅館安歇下來。在家人們入睡之後，史蒂芬牧師拿著心愛的書本獨自下樓，預備睡前在休閒室裡看點書。

人們飲著小酒、吃著燉肉，休閒室裡一片喧嘩。

忽然一陣急促的馬蹄聲傳來，預告著什麼緊急事件將要發生，人們本能地安靜下來。門被踢開，一名騎士用肩膀用力擠開人群，直接走到吧台前，大聲嚷嚷：「快馬隊就要來了，有一個小女孩被偷走！」

天哪——差點被水嗆到的史蒂芬牧師，手上的書「砰」一聲掉到桌上。他環顧四周，看見人們又開始自顧自地喝酒聊天，便佯裝鎮定地起身，確定沒人注意後，立刻上樓叫醒他的太太，把小女孩跟著衣服綁在馬背上，第一時間離去。

他怎麼會不了解事情的嚴重性？問題是，如何能向怒氣攻心的父親說個明白？對方很可能不由分說便直接開槍，什麼解釋的機會也不給他。到了這種地步，已經不單是孩子歸還與否的問題了，還可能招來殺身之禍。

蝴蝶效應的影響難以估計，小酒館裡的擦肩而過，使得事態朝著兩個方向而去。快馬隊因為春耕在即，只得停止前進。小女孩的爸爸徒呼負負，惘然返家。

史蒂芬牧師夫婦則帶著小女孩，在聖保羅市附近定居下來。

印第安人與珍妮

那個地方草萊未闢，幾乎都是印地安人，是牧師夫婦的宣教區。小女孩珍妮很快和孩子們玩成一片。她看到印第安勇士們打完仗回來，把血淋淋的頭皮掛在腰間跳舞；她也學會如何在土地上做出箭頭標記，並且解讀。

珍妮和印第安人們共同成長，感情既深且遠。在珍妮長大之後，有好幾位印地安男士希望與她結成伴侶。

「如果嫁給我，妳永遠都不用工作。」有一位這麼求婚道：「我其他的妻子會做所有的工作。」

哦，不。

最終她嫁給了赫曼・吉布斯（Heman Gibbs）——一位白人。

新婚是在夏末，連房子也來不及蓋；待嚴冬來臨了，丈夫赫曼直接在地上挖了個洞，作為兩人的棲身之所。彼時聖保羅附近蠻荒一片，剛當上新娘子的珍妮，還曾經與飢餓的大灰狼視線交接過。

一八六二年，蘇族印第安人即將引發暴動，印第安朋友們特別趕來通風報信：「他們要殺死所有白人，妳和妳先生一定得離開！」

但赫曼不肯相信印第安人的話。結果，蘇族起義那天晚上，他不在家，獨留珍妮和被嚇壞的孩子們遠遠看著自己的家被火燒掉。火球四起，一團接一團朝她而來。幸好軍隊及時趕到，他們才倖免於難。她知道自己早該相信的，再沒有像印第安人那般可以信任的朋友了。

「管閒事」的莉莉

莉莉・貝勒・吉布斯（Lillie Belle Gibbs）是珍妮與赫曼的么女。這個在典型清教徒家庭中成長的女孩，腦袋像內建了算盤一般，轉得又快又準。她很會繪畫，同學要求她：「如果妳幫我們畫圖，我們就幫妳做算數。」

這個划算。莉莉的腦子迅速轉了一圈，隨即和同學擊掌約定。

後來，她認識了約翰・菲斯康德（John LeVesconte），陷入愛河、滿腦子都是結婚，她的繪畫天賦暫時擱到一旁。

約翰是明尼蘇達大學農業系第一批的畢業生，八歲時移民到美國。和莉莉結婚之後，兩人

幼時的孫理蓮（左）與外祖母珍妮。

來到彼略湖（Prior Lake）定居。

約翰賣力養家，一邊在農場工作，一邊兼任郵差。他對新事物向來熱衷接觸，買了社區裡的第一台愛迪生留聲機，還有第一輛汽車——汽車經過時，鄰居們排在道路兩邊，紛紛低下頭來好奇地觀望。

婚後的莉莉，除了是專職家庭主婦之外，還是出了名的到處「管閒事」。不時跑去探望病人，次數多到好幾次跟牧師在病床兩側相遇。

在美國這塊土地上，信仰被極度看重，因此，一個小小的信仰差異，都可能因為被過度聚焦而形成巨大的分歧。在彼略湖社區這個美國社會的縮影裡，一共有十二位法裔的菲斯康德家族屬於長老教會（包括約翰及莉莉一家在內），其他居民大多數是信仰天主教的愛爾蘭移民。在這方新天地，這群新移民需要適應的事物極多，餬口不易，往往藉著酗酒來澆愁，也使得許多家庭因而破碎。

目睹這些狀況，莉莉加入了「基督教婦女禁酒聯合會」（Woman's Christian Temperance Union）。她的態度堅決而激烈，連對酒商也不假辭色；她會跑到店裡，探探頭，一發現有賣酒，就出聲抵制。她這麼做，怎可能不妨礙他人賺飽荷包？有人氣到拿著桿子準備敲她呢！

住在同個地區、不同信仰的兩派居民互相看不順眼，相處不睦。但當長老教會的教堂繳不出貸款，快要被法拍時，愛爾蘭的青年們卻籌辦起慈善募款，把募得的款項交給莉莉。「人飢己飢，人溺己溺。」他們說。

莉莉與約翰共育有哈洛（Harold）、艾美（Amy）、理蓮（Lillian）以及理斯特（Lester）四名子女。

老大哈洛日後在加州擔任專利律師；老二艾美獲得食品化學博士，在德州貝爾頓市的瑪麗．哈丁．貝勒大學教書；么弟理斯特在芝加哥擔任電機工程師。這三個孩子都聰明得很，功課又好。老三理蓮頗有自知之明地說道：「我被認為沒什麼用，我想他們都希望我早點兒嫁出去。」

功課始終不怎麼樣的理蓮，日後成為一名宣教士，其丈夫為孫雅各（James Ira Dickson, 1900-1967）牧師，人們習慣稱她為「孫師母」或「孫牧師娘」。

此時，沒有人知道，這個聰明才智似乎不及其他兄弟姊妹的女孩，日後將會成為所有受苦之人的母親，以無私的愛與關懷，改變了無數人的生命。

02 彼略湖畔的童年

出生於一九〇一年一月二十九日的理蓮，是道地的農家女孩，個兒不高，但行動敏捷，動作俐落得很。

作為菲斯康德家最年幼的女兒，她是父親約翰的掌上明珠，經常哭著耍賴說：「我先！」因而獲得了「我先」的綽號。這「我先」也包括了吃孩子最喜歡吃的糖果在內，使得往後她的牙齒一直不好。

父親約翰經營菲斯康德農場，芳草茵茵，遼闊地看不到盡頭，孩子們所有的精力都可以在此肆意發洩。還有鄰近的彼略湖，漫漫冬日裡，可以在冰結得厚厚的湖上如燕子般迴旋溜冰；夏天則在湖邊野餐，或在湖上划船，天空雲影倒映在彼略湖面，畫出一圈圈微顫而又立即碎開的線條。

當然還有隨意游泳。「我經常在湖裡游泳，游一英里遠，再游回來，連續游二英里都不用休息，純粹好玩而已。」理蓮回想起來，仍深覺不可思議——她就是在那環境裡形塑出的強健體魄吧？日後在宣教區裡總是上山下海，她把體力發揮到極致。事實上在四十七歲那年，她在台灣游泳橫渡日月潭，從頭到尾竟然只稍微休息了兩次。

獨特的思維與個性

有很長一段時間，理蓮的母親莉莉有暈眩的問題，外祖母珍妮便前來分擔家事、照顧孫兒。在與理蓮共度的夏日午後，珍妮絮絮叨叨說起自己於聖保羅市的童年：印第安文化如何與大自然天人合一、印第安朋友何等真誠可靠……珍妮那充滿懷念的眼神，點點滴滴都鑲嵌到理蓮的思維裡。想想看，人生何等奇妙，當年小酒館裡錯肩而過，竟成就迥然不同的人生。

珍妮也注意到了：這小女孩老是用衣夾做娃娃，還用樹枝做成一格一格的房間，空間規劃得有條有理，樹枝也起到保護作用。這小女孩的腦袋瓜裡在想什麼呢？珍妮自幼與印第安朋友共處而獲得的大自然智慧，讓她多少抓到了理蓮要求「資源使用最大化」的思維雛型。或許這小女孩日後會是一名理家好手，會照顧很多很多孩子？

孫理蓮（右）在一九四七年曾游泳橫渡日月潭。

終日在廣無邊際的農場冒險，這樣的環境造就了理蓮大膽又特立獨行的個性。她熱愛跳舞，跟著旋律擺動肢體，總能讓她跳得忘我。舞會結束了，

孫理蓮高中時和家裡賭氣，一度瘦到僅剩四十一公斤。

她勾著弟弟理斯特的手臂，狀似親暱地在馬路上「放閃」。

「他是妳男友嗎？」面對好奇的詢問，她故意微笑不答，只調皮地眨眨眼。

還有一次，她和好友路得從夏令營中開溜，跑去玩水。玩到一半，一位塊頭高大、模樣像是秘書般的嚴肅女士，在附近的板凳上坐了下來。要被抓包了嗎？兩人只得靜靜躲在水裡，間或露出鼻子呼吸；到最後實在冷得受不了，偷偷游到岸邊的隱蔽處。直到那位女士離開，兩人才哆嗦著小跑步離去。

到了高中時代，因為彼略湖附近還沒有中學設立，理蓮被送到沙科皮（Shakopee）就讀。她住在寄養家庭裡，幫忙家務以換取食宿。

要知道，理蓮可是在母親莉莉悍然與販酒者對抗，並目睹一個個愛爾蘭家庭因酗酒而破碎的環境下成長的。沙科皮卻到處都是酒吧跟酒鬼，她根本受不了。住滿一年之後，她滿心以為可以回家，沒想到父母親竟然決定讓她繼續住。為此，她賭氣不肯吃飯，一度瘦到九十磅，大約四十一公斤！

莉莉為此擔憂極了，不知如何是好。一名鄰居試著寬慰她道：「妳或許會失去一個孩子，但是妳還有其他三個呀！」

聽到這番話的理蓮心想：什麼跟什麼呀？偏不讓你得逞。於是，好強的理蓮開始健走、吃蛋跟牡蠣，很快恢復了健康。

第一次被求婚

清教徒以基督信仰為核心而展開的社會關懷，對理蓮影響甚深，也形塑了她價值觀的基底。彼時第一次世界大戰（1914-1918）來臨，美國參戰，為了追求信仰純粹而戰的氛圍籠罩了全國，每個人都有責任參與「作戰」。

為此，理蓮特別寫信給一名在前線作戰的士兵，替他加油打氣。不料信件打動了士兵的心。戰爭結束後，這名士兵回到美國準備向她求婚。

怎麼會這樣？她還那麼小，怎麼可以結婚呢？第一次被求婚，沒有想像中的甜蜜，更多的是驚慌失措。

中學時的孫理蓮便擁有一顆關懷他人的心，曾寫信鼓勵在前線作戰的士兵。

「親愛的，妳不必嫁給他。」最後是莉莉冷靜地點醒她。

「求婚」事件前後，理蓮高中畢業。在那個讀大學尤屬於少眾的時代，約翰卻堅持小孩都必須讀大學。兄弟姐妹們因為獲得獎學金，通通當新鮮人去了，唯獨理蓮成績未達標，莉莉只得把自己繼承的土地給賣了，好支付她去上六個月的短期秘書課程。

知道這可能是自己通往大學的唯一道路，在秘書課程期間，理蓮不只認真學習，還把個人花費降到最低。她在夏季旅館打工當服務生，為住宿客人準備早餐時，甚至會拿剩下的吐司邊來充饑。

後來，憑著秘書課程中學會的速記與打字，她申請到麥卡利斯特學院（Macalester college）的入學許可。

為了籌措生活費及學費，在大學裡，她還是繼續打工。上午上課，下午則擔任英文教授格倫．克拉克（Glenn Clark）的助理，還兼任董事會秘書。理蓮的大學生活忙碌得要命，卻也充實得很。

和彼略湖畔嚴謹安靜的清教徒生活圈比起來，大學相對地更加多元開放。什麼樣的言論都有，也什麼樣的言論都被尊重。「我不知道妳一個基督徒為什麼要跳舞！」一位無神論者的老師皺著眉頭這麼說道，毫不掩飾自己抨擊的立場。

第一時間，好強的理蓮不以為然地吐著舌頭反詰：跳舞是壞事嗎？還有，基督徒為什麼不能跳舞？根本是風馬牛不相及的兩回事啊！但是反過來想，如果老師是把「跳舞」當成反對自己或基督徒的藉口呢？自己有必要為了跳舞而給對方扣帽子的機會嗎？問題的根源在於，到底是跳舞重要，還是信仰重要？十字路口的燈，似乎亮了起來。

「放棄是件困難的事情，但是上帝會讓它變得容易！」對十八歲的她來說，放棄熱愛的跳舞殊為困難，也讓她非常不習慣，但她還是選擇這麼做了。

體育館事件

「當妳把自己全然地交到神的手裡，主的力量就會源源不絕。」理蓮的「老闆」克拉克教授，在信仰上薰陶她，也強化她寫作的能力，所以日後才有一篇又一篇美好的信件，把理蓮所關懷的人事物帶到讀者眼前。

麥卡利斯特學院時期，孫理蓮便已展現化解衝突的天賦。

除了英文教學之外，克拉克教授還幫忙訓練田徑隊。這使得理蓮多少參與了田徑隊的練習。然而，供團隊練習的體育館破敗得一塌糊塗，每逢下雨或下雪便滿地濕滑，運動員生怕造成運動傷害，只能中止練習。

對於需要不停練習的運動員來說，這可是大事，但跟大多數地方一樣，人們意見很多，卻又只敢暗地裡碎嘴：「為什麼董事會不把學校弄好一點？為什麼美式足球隊總是不會贏？學校也沒有設備好一點的體育館。」

理蓮本身既是學生、又常進出董事會，什麼話都聽得到。

有一天，她忍不住跑去找克拉克教授。「我們來為董事們辦個感恩晚宴好嗎？叫學生們盡可能出席，不用提出任何要求，只要好好地表達感謝即可，讓董事們得到鼓勵。」不見得要董事會做些什麼，但至少可以緩和雙方的緊張與對立。

克拉克教授一臉不可思議地看著這才二十出頭的秘書。「妳怎麼會想到呢？」

「剛剛……」

「不，才不是，那一定是來自上帝的啟示。」懷著這樣的心情，教授走出去時，非常鄭重地把門帶上。

幾天後，克拉克教授這麼告訴理蓮：「請妳在禮拜堂集會時，跟學生們說一下。妳就這樣告訴他們：『長期以來，董事們就像在打一場看台空空、沒有觀眾的比賽，這次讓我們把看台坐好坐滿，給一些掌聲鼓勵。』」

確認好場地、節目等相關資訊之後，理蓮開始遊說董事們：「這些學生竟然想辦一場感恩晚宴呢！會辦出什麼樣子呀？」她一邊說，一邊展示著刊有感恩聚會訊息的校刊。

董事們自然感到興趣。在理蓮的推動下，原本站在對立面的董事們和學生們，都對這場晚宴產生了期待的心情。

晚宴如期舉行，盛裝的學生們撤除了慣常的酷樣，笑盈盈地對著董事們。一位董事致詞時忍不住感嘆道：「我在董事會超過三十五年，這是第一次有人對我說謝謝。」融冰、化解，需要的本來就只是一點點熱氣。

幾天之後，《聖保羅日報》斗大的標題寫著：麥卡利斯特學院董事會將展開百萬美元的新建築計劃——承諾打造新體育館。

03 從相遇到攜手

孫雅各是克拉克教授指導的田徑隊中，一位長跑運動員，還擅打曲棍球。

孫雅各出生於一九〇〇年，比理蓮大上一歲。有別於理蓮的農場童年，他成長於南達科他州的牧場，高大、魁梧、健碩、開朗，永遠樂觀，是道地的「牛仔」。那時年輕人流行聽手搖式留聲機，孫雅各經常故意把臉塗黑，彈吉他干擾那些聽歌的人。有一次，那些年輕人忍無可忍，直接把蕃茄砸到雅各身上！

雅各如同理蓮一樣，從高中時就開始到處打工。他還曾經去鏟煤，煤塵沾染得他眼鼻髮際都是。在籌措學費的需求帶動下，他的商業頭腦很早就被開發。

大學時，他終於湊足了錢，買了一輛貨車，成立「閃電快遞公司」（The Lightning Express Company），還刊登廣告，等電話響起。

「我需要你們最好的車子以及最努力的職員，幫我送到！」電話那端一位女士的聲音傳來。

「沒問題，女士。」孫雅各回答得乾脆俐落。「一定用最好的車！」

於是孫雅各這位「最」努力的員工，開著唯一「最好」的車子，使命必達。

等要開學了，雅各就開著車守在聖保羅車站旁邊，幫陸續返校的學生搬運行李，每趟收取

孫雅各靠著他的「閃電快遞號 」籌措學費。

一塊美元的費用，靠著「快遞」賺得荷包滿滿。

送禮物的「快遞」

對於這個快活的大男孩，兩人初次見面時，理蓮並未留下什麼深刻的印象。對她來說，不過就是個男孩而已，而「學校裡好男孩多的是」。

之後，因為參與了「基督徒奮進會」（Christian Endeavor Society），才彼此熟稔起來。

基督徒奮進會是個強調基督徒社會責任的組織，除了鼓勵幫助他人，對於人們的一些惡習（如賭博）也主張積極對抗。那時理蓮每個月薪水有四十塊美元，依照聖經的標準，要撥出十分之一（也就是四塊錢）來賙濟窮困的人。理蓮習慣用這筆錢買些水果餅乾，送給住在市立醫院地下室的貧民病患。

有一年聖誕節就要到了，這麼值得慶祝的日子，只例行性地送些水果餅乾，似乎有點「寒

孫理蓮與孫雅各相遇於校園。

酸」，但是，哪裡還有資源呢？理蓮腦筋飛快地轉著。咦，雅各在基督教奮進會擔任出納，何不找他商量？於是理蓮跑去找雅各，「可不可以撥些錢，用在市立醫院地下室的病人身上？」

當然可以啊！在理蓮的建議下，奮進會的成員準備了一大堆禮物。到了送禮物的那一天，雅各開著那輛號稱「快遞」的老爺車徐徐到來，強有力的手臂，一把將所有禮物給拎上車。就這樣，兩人之間的交集漸漸多了起來。

理蓮跟雅各外形上形成強烈對比。她個兒不高、顯得粗壯；雅各則高高瘦瘦的，四肢修長，一百八十公分整整要比理蓮高出三十公分。理蓮說話很慢，但清楚；雅各的發音則每個字互相套疊著，最常說的兩句話是「有朝氣一點」和「別為這種小事傷腦筋」，還動不動就把「我告訴你應該怎麼做」掛在嘴邊。

理蓮向來極有主見，面對熱衷給各式意見的雅各，她忍不住對姐妹淘說：「我經常問雅各意見，有時候我聽，但也不是一定這樣。」等兩人開始約會了，理蓮在外出前，往往會先跪在床前禱告：「不要讓我們有爭執。」

沒想到日後他們一生攜手，而且一加一完全大於二，從教會宣教到社會公益全面結合。

上帝關上所有的門

一次大戰後，隨著美國國力興起，在政治經濟的帶動下，教會的國際視野被拓展。美國境內刮起了海外宣教之風，「學生志願宣教運動」（Student Volunteer Movement，簡稱 SVM）也隨之興起。當時的國際交通以航運為主，風險大，費用也高，但仍抵不住一個個宣教士在港口碼頭綻開年輕的笑容，留下一張又一張珍貴的照片。

雅各決定也要成為宣教士，目標是中國。

當然，他也極力遊說女友同行：「妳為什麼不當宣教士呢？」問題是，宣教士也不是要當就能當呀！問得理蓮皺起眉頭，心煩意亂得要命。

在這樣的情況下，理蓮終於從麥卡利斯特學院畢業了。

雅各前一年就到著名的普林斯頓神學院（Princeton Seminary）深造，準備深化他的宣教人生。至於還在摸索中的理蓮，先到北明尼蘇達的艾特金（Aitken）教書，一邊看情況。

她習慣中午休息時讀一點聖經，就隨手放了一本聖經在辦公桌上。沒想到到了學期末，她沒被繼續聘用，理由竟然是校方怕她會左右學生的信仰。這還是美國嗎？那個追求純粹信仰的國家？

她只得找了個秘書的工作，想著自己大學時就在董事會擔任過秘書，總該駕輕就熟吧！結果有天一大早，警察跑來了。原來是一名職員偽造理蓮的簽名，兌現了支票。還好警察調查時，在垃圾桶裡發現偽造簽名的證據。

工作頻頻受挫的理蓮，搬往離雅各近一些的紐約。這次她應徵的是護士。沒想到她一看到血，直接在開刀房裡暈倒了，被其他護士抬了出去。

上帝關了所有的門，來突顯祂的召喚。

於是，理蓮前往奈阿克（Nyack）的基督教宣道會聖經學校（Christian Missionary Alliance Bible School）就讀。一年後進入聖經研究所，正式為成為宣教士而受裝備。

全能者的布局

人生的方向一致，於是在雅各從神學院畢業前六個禮拜，兩人訂了婚。

畢業後，雅各先到加拿大安大略省萬錦市（Markham）的長老教會擔任神學生。時間到了，長老教會希望他留下來服務。

「可是我要到宣教區去。」雅各回答。

「如果這樣，就當我們的宣教士。我們教會差派你出去。」

而福爾摩沙——台灣——正好在加拿大教會的宣教區範圍內，成為選項之一。

「妳認為如何？」雅各寫信給未婚妻。「他們說，那裡有加拿大籍和英國籍長老教會的教友，會比美國長老教會的教友更需要我們。」

「他們要你去，當然要這樣說呀！」務實的理蓮一語道破，但她心裡有一股難以名狀的熱切情感在汩汩流動著。

「如果真是這樣，」她繼續寫道：「讓我們到最需要我們的地方吧！因為人生只有一次。」

薄薄信紙作為中介，焉知上帝已然開展了祂的布局。

04 啟航之前

一九二七年五月十六日，理蓮二十六歲，兩人在紐澤西州特倫頓（Trenton）舉行了婚禮。她正式成為孫理蓮（Lillian Dickson）。

婚後第一件事，是由雅各馳騁他的牛仔精神，駕著福特T型車（Model T Ford），展開了同學口中的「不可能的大冒險」。他計劃經過新英格蘭區，跨越到加拿大，往下開進美國，然後向西前進。正式差派他們的長老教會，已經預訂好秋天從溫哥華出發的加拿大皇后號（Empress of Canada）船班。

蜜月驚奇多

這趟旅程的重點，是給家人介紹新娘子，也讓理蓮認識一下雅各的家鄉。

婚前交往時，理蓮多少知道，雅各年幼時經常和印第安人以物以物，換得滿是彈孔的毛毯；還有，他的家鄉是南達科他州一個叫「達塞爾」的小鎮……但直到她在湍急的大水中艱難地抵達雅各的家，理蓮才發覺雅各的描述和自己的認知有多大的距離。

左：一九二七年，孫理蓮與孫雅各在美國紐澤西州結婚。右：孫理蓮（前排右）與家人合影 。

理蓮這麼形容自己所看到的景象：「好像回到了百年前……」

木頭在寒風中，喀喀作響。

木屋裡面擺著沒有上過漆的桌子和幾張椅子，看起來都是自家DIY的。一把獵槍掛在門上，像是印第安人隨時可能來襲。

還有棍棒、日曆及紀念品胡亂掛在牆上。角落一張床上面隨意覆蓋著拼布製成的被褥；而另一角落，是個塞滿碗盤的簡陋櫥櫃。唯一可以證明時間已經來到二十世紀的東西，是角落裡的電話。

尷尬的是，接下來的牧場生活，新娘子被要求用柴爐煮飯給五個牧場壯漢吃。柴爐？沒錯，問題是理蓮只會用天然氣跟電爐，廚技也僅止於——煮蛋。有一天，雅各的父親實在看不過去了，藉口身體不舒服，在家裡躺了一天，冷眼看著理蓮笨拙操持家務的身影。他忍了一會兒，後來毫不留情地

孫雅各家鄉的「百年前」木屋。

訴落道：抹布沒有掛對位置；鍋子無須放進碗櫃；爐子裡木柴不夠……另外，「晚餐來點紅芹菜，再順便做點餅乾吧！」

理蓮呆住了。好在一位在軍中負責過伙食的壯丁，第一時間接手了家事，解了燃眉之急。結果這個被批評得一無是處的新娘子，幾個月後抵達福爾摩沙，竟然半是被迫地成為一間名叫「孫牧師宅」民宿的女主人，幾乎日日從事「飯食」服務。

打工梅子園

離開南達科他州後，早先預估可以收到的宣教支票，並沒有如期寄到。新婚夫妻的資金開始不足，理蓮的日記這麼寫道：

不得不離開舊金山之前，我們做出了一個重大的決定。那就是我們必須從行李中典當某些東西以換取汽油，並且確保在接下來找工作的日子裡有東西可以吃。我們唯一值錢的東西有我的戒指、婚禮、婚約、雅各的手錶以及我送給雅各的禮物。

眾多具有紀念價值的物品中，最後決定典當手錶。這支手錶是用四十美元買的。雅各走進當鋪，詢問現在可以當多少錢。一間說需要考慮；另一間說：十美元。

都說無奸不成商，手錶可還新得很！「砰」地一聲，雅各瀟灑地關上門，頭也不回地走出當鋪。一坐進車裡，現實赫然回到眼前——汽油快沒了，還要填飽肚子！算了吧，十元就十元吧，有總比沒有好。

但是，蜜月旅行還不到一半，區區十塊錢又如何夠用？剛好經過一間梅子果園，詢問之後，兩人被雇用了：每摘一箱梅子就可以獲得十二分錢的工資，於是這對新婚夫妻在梅子園裡搭起帳棚，打工成為蜜月行程的一部分。期間雅各還被喚去協助浸泡梅子。

一個多星期之後，梅子採完了。兩人長長吁了一口氣，口袋裡錢幣叮叮作響悅耳至極，不怕沒錢吃飯了。

六月底，加拿大長老教會支持他們宣教的五百美元支票寄到了。雅各把它寄回達塞爾的家鄉，先安置家人。更驚喜的事還在後頭：在加拿大邊境，竟然有位海關官員願意買他們的破車和家當，真不啻中了大樂透呀！欣喜的兩人拿著教會特意為宣教士購買的頭等艙船票，上船之後先趕緊洗淨被梅子染色的手指，再把衣服上的皺摺壓一壓，好讓自己看起來像體面的頭等艙乘客。

此時，長期困擾雅各的噩夢也正式開始了。「我夢到我被叫去演講，但是我一點準備都沒有。有趣的是，在現實中，我真的一直被叫去即席演講，幸好我已經習慣了。」多年後，他這麼告訴小女兒瑪莉安。

加拿大皇后號從溫哥華啟程，先在上海停靠；過幾天後，再登上前往目的地——福爾摩沙——的小船。

職前震撼

在上海停靠期間，先暫住中國內地會的會所。兩人睜大眼睛四處探看，對中國的一切毫無所知。

「走吧，招輛計程車，我們去逛一逛。」一位雅各在普林斯頓神學院的同學負責接待他們。車子開著開著，突然間，一群人不知從哪裡冒出來，擠滿了街上。人們撲向車子、還爬上車頂，有個人對著司機咆哮了幾句，司機也大喊幾句，然後，群眾慢慢地退下了，有些人還對他們微笑，像是什麼事也沒有一般。

他們被嚇壞了，整輛車安靜得像要窒息般。過了幾條街，司機轉過頭向雅各的朋友問了一句，而後者像是要印證什麼似地，連連點頭。

雅各突然想通了什麼，立刻問道：「他說什麼？剛才發生什麼事了？」

「剛才在前面，那些暴民問司機我們是英國人還是美國人。司機根本不知道，乾脆保證說我們都是美國人。他剛才跟我確認了一下，說暴民打算要找英國人算帳。」朋友說。

真是千鈞一髮啊！那一年國民黨與共產黨的爭鬥越來越激烈，上海工人展開第三次武裝革命，中國正向社會主義的路線靠攏。

幾天後，終於要去碼頭登上開往福爾摩沙的船了。

他們要先搭海岸交通船，和載著他們前來的皇后號相比，理蓮不禁說道：「哇，真小啊！」

「但是，它能帶我們去我們要去的地方。」

船上最特別的是濃烈的味道，無所不在，讓人無處可逃。好不容易可以到甲板上透氣時，理蓮馬上詢問雅各：「這是什麼臭味？」

「所有東西，這艘船過去四十年所載運過所有貨櫃的總和。」雅各的回答向來務實又頗具哲理。

船終於到達福建，要靠岸一晚。剛好有一位宣教士要下船，熱心地邀請這對夫婦到他家裡去住，他們歡喜地接受了，原因是「比較不臭」。

宣教士太太殷勤接待兩人，晚餐吃到一半，宣教士太太說道：「今天中午吃飯時，聽見外面有聲音，像放鞭炮，又不太像。我出去查看，有人對我大喊：『太太，進屋裡去！圍地那邊打起仗來了！』」她舉起湯匙，「聽聽外面的聲音，現在，肯定打起來了。」

這就是亞洲嗎？「每天都有戰爭耶！」晚上就寢前，理蓮忍不住嘟囔。和美國悠閒平靜的生活節奏是這樣截然不同。

他們所搭的小船從福州穿越台灣海峽。「快到了，大約還有一百英里。」雅各向理蓮這麼保證。不料幾小時後，正式進入「黑水溝」，小船劇烈地上下搖晃，被巨浪捲起，在浪頭彷彿猶豫片刻，然後重力加速度地衝落到海浪當中，撞得船身吱呀作響。理蓮只能爬上床，端著臉盆不斷嘔吐，直到有人敲門。

「進來吧！」她虛弱地說。

「原來是掃到了颱風尾，大浪灌進甲板了。妳待在這裡，我去拿點吃的過來。」

「雅各，拜託不要。」理蓮再度把臉深深埋進臉盆當中。

大皮箱從艙房的一邊滑到另一邊，整艘船像要翻過去一樣。

所幸，第二天早上敲門聲再響起時，已經是另一番景象。「我們到啦！」雅各大喊著：「福爾摩沙——福爾摩沙就在眼前！」

理蓮小心翼翼地張開眼睛，撥開蒙在臉上的毛毯——已經被濺進窗戶的海水給浸溼了。經過一夜的折騰，海面已經轉趨平靜，如鏡面般折射著光線，波光粼粼。

「那是基隆，一個港口城市。」一片青翠映入眼簾。

「真美啊！」理蓮悄聲說。她的心情就像當年葡萄牙水手初見福爾摩沙時所說的：「美麗的島嶼（Ilha Formosa）！」隨著海岸越來越近，理蓮驚嘆的聲音越來越大：「真美麗呀！」

第二部——紅磚房的歲月

淡水的紅磚房是孫理蓮一家在日治時期的住所，左起爲孫雅各、瑪莉安、萬福、孫理蓮。

05 初識福爾摩沙

福爾摩沙原先是中國的領土，迄至甲午戰爭失敗，簽訂了馬關條約，才會在一八九五到一九四五年之間成為日本的殖民地。然而大多數人的祖先都來自那兒，長期以來往來密切，因此日本政府殖民之後，會特意防範來自中國的船隻。

一九二七年，雅各與理蓮從福州搭乘的小船，此時正靜靜地停靠在基隆港。理蓮逗留在甲板上，細看近在咫尺的亞熱帶山巒：聽說這是個多雨的地方，山是一種暗鬱青翠交織的綠，加上黃綠錯落的梯田，一路綿延，終至消失在地平線末端的藍色輕煙裡。

碼頭岸邊，眾多戴著斗笠的搬運工彎下腰拖拉著各種物品，從木材到嚎叫的豬隻都有；而人力車伕們的手臂結實、大腿肌肉有力，在陽光下閃爍著古銅色的光采，腳步飛快地載著乘客。繁忙的港口，還充斥著嘎嘎作響的絞盤聲，夾雜著尖銳的指令。每個人拚了命似地大聲說話，聽在理蓮耳裡，都像在吵架。所幸有一種聲音她聽得懂，那是小嬰兒的哭聲！哈哈，每個人都聽得懂。

因這聲音而建立的小小熟悉感，將陌生的港口與這對初來乍到的訪客慢慢連結起來。

雅各和理蓮陸續下了船，帶著一個簡單的地名，搭乘人力車到達火車站。

英語是唯一熟悉的溝通工具。雅各詢問售票員時，盡可能地放慢速度：「下一班——到台北——的火車——要等——多久？」

「十個小時。」日籍售票員毫不遲疑地回答，顯然對自己的英語能力十分自豪。

十分鐘後，售票員匆忙地指著剛進站的蒸汽火車，對他們比手畫腳。原來他用錯單字，把「分鐘」說成「小時」了！

永難忘懷的衝擊

到達台北火車站（當時稱「台北停車場」）後，一名宣教士帶著他們從一條泥路走到了「牛埔庄」的宣教士宿舍。此時福爾摩沙北部的宣教工作已經略具規模，在牛埔庄的範圍內，有紀念馬偕博士（Rev. George Leslie Mackay）的馬偕醫院，以及牛埔庄講義所（雙連長老教會的前身）。

規模初具，卻又需要更深的著力。

當時，福爾摩沙北部教會因為「加拿大聯合教會」事件＊產生分裂，導致宣教士紛紛離開。在這幾近真空的狀態下，雅各必須肩負起承先啟後的責任。抵台後，他匆促學了一年台

＊一九二五年，加拿大長老會依多數意見與衛理公會、公理會聯合成立「加拿大聯合教會」（The United Church of Canada），然而最後因為財產歸屬的問題引發教會內部分裂，導致新派成立「加拿大聯合教會」，舊派則沿用「加拿大長老教會」的名稱。因為母會分裂，支持新派的北部宣教士紛紛離開，僅剩下偕叡廉夫婦、明有德牧師夫婦與戴仁壽醫師共五位宣教士。

初來台灣，東方的風俗與文化讓孫理蓮（前排右二）覺得新鮮有趣，連拍照都必須有「標準」的姿勢。

語，就代理了淡江中學＊校長之職，並於一九三一年四月出任當時仍坐落在台北雙連的台灣神學院院長，一直到一九四〇年五月，才因二戰的戰況加劇，在美國總統的命令下匆促返美。

暫居在牛埔庄的宣教士宿舍中，理蓮開始被稱呼為「孫師母」或「孫牧師娘」，接待陸續抵達的宣教士，也算是對即將到來的「民宿」女主人角色有了粗淺的職前訓練；也因為宣教工作才剛開始，她的視角得以從教堂之內被拉開，看到了圍牆之外人們的需要。

一九二七年，那是抵達福爾摩沙的第一個聖誕節。「孫牧師娘，我們會幫漢生病患在教堂準備一頓晚餐。」有位宣教士這麼跟她說。

理蓮趕緊點點頭，她知道：漢生病又稱癩病，是俗稱的痲瘋病。聖經裡痲瘋病人總更加緊握著耶穌的衣角，卻又被擁擠的人群擋住。有時，病患們的手指、鼻子、眉毛會脫落，這些無法挽回的器官缺陷，都無法用藥物使其再生。即使已經可以用手術移植小塊皮膚做出新眉毛，留下的傷疤還是會引起他人疑心，讓痊癒的病患不見容於社會，甚至不見容於自己的家庭。

在宣教士宿舍的對街，擔任馬偕醫院院長的宣教士戴仁壽醫師（George Gushue-Taylor, 1883-1954）為了有傳染之虞的痲瘋病患，特地在雙連長老教會舊教堂設立「癩病特別門診」。

理蓮從沒看過痲瘋病人，心情真是既期待又怕受傷害，但是過節的好心情依然滿溢。幫忙裝飾教堂的同時，理蓮心靈的一角也不禁懷念著美國街頭熱鬧到無法遏抑的聖誕氣氛，家人們可都還好？準備如何交換禮物呢？

那一天到了，教堂裡擠得水泄不通，捧著食物托盤的宣教士們直接穿梭在病患間。病患因痲瘋桿菌的慢性侵蝕，使得五官大受損傷，有人鼻子斷掉，有人缺手、或缺手指頭。還有些人失明，眼睛睜得大大地卻什麼也看不見，灰白色的眼珠子不住隨著聲音轉動。

第一次如此近距離接觸，一陣噁心的感覺湧出，理蓮雙手緊抓住托盤，勉強自己靠著桌子。她看到前面一個患者對她露出詭異的笑容，她的嘴角微顫片刻，勉強地報以微笑。

「那是我永遠不會忘記的經驗！」她嗓音瘖啞地告訴雅各。

「我認為主耶穌也不曾忘記。」

＊淡江中學為北台灣最早的私立中學，在孫雅各代理校長時稱為「私立淡水中學」。

06 在淡水的第一年

幾個月之後，因著雅各的工作方向大致抵定，他們搬到新北市淡水的宣教士宿舍。淡水的宣教機構以牛津學堂（Oxford College）＊和男女中學校為中心而開展，並直接影響了淡水街道形成的雛型。

人們在竹竿上晾衣服，一件件衣衫在海風吹拂下，彷若招展的旗幟；狹窄的鵝卵石街道旁，一層樓的商店櫛比鱗次；還有戶外市場，小販們對經過的行人不斷地招攬著：「緊來買喔！」其中有一種小瓶的彈珠汽水，把彈珠按進瓶子裡就可以喝到，瓶子還可以回收，殺菌之後再回充，彈珠放回瓶頸處，讓汽水一直發出如同噴泉般的嘶嘶聲響。

海水的紋路，是一生一世的餘波蕩漾。彼時淡水河尚未淤積，每天有漁船以及叫做「戎克船」（Junk）的小舢板來往於淡水碼頭。

人們眺望著海洋，每每覺得自己更渺小，而遠方更不可測。有些「傳說」在閭巷間流傳著：曾經有一艘船返航時，上面竟然連半個人都沒有。「是否被海盜攻擊了？」人們耳語著，而這是機率頗高的答案，因為對淡水住民來說，海盜的確是隨時可能造訪的「鄰居」。漁民還捕獲過一隻鯊魚，開腸剖肚時，在魚肚裡面赫然發現戴有金戒指的人手。

與紅磚房初遇

長老教會宣教士宿舍沿坡而建，對岸便是觀音山，海在右手邊。海天之際便是著名的淡水暮色。宿舍裡面有一間白色平房，就住著馬偕博士的兒子及家人；還有專給未婚女宣教士住的，俗稱「姑娘樓」，院子裡種了金魚草，還有幾隻懶洋洋的水牛。另一邊有著八呎厚牆的英國領事館，是早先荷蘭人所建造的堡壘，現在已經變成「紅毛城」；前方有一座指向海洋的大砲，古老年代曾經用來攻擊和防禦。

宣教士宿舍離碼頭不過短短一段距離，暴風雨來臨前，巨大的海浪便在岸邊鋪出層層疊疊的碎細浪花，宛如白色蕾絲，卻來不及細審便又被打碎、覆蓋。

雅各和理蓮居住的紅磚房有三層樓，位於轉角處，視野極為寬廣。院子裡種了香蕉和竹子。考量到淡水潮濕而又漫長的冬天，每個房間都有一個壁爐，主臥室裡還有二樓，類似現在樓中樓的設計。寬敞的走廊也可以供孩子們跑跑跳跳。

理蓮與這幢房子一相遇，她農家女孩務實的本能立刻被喚起，單是一樓的窗簾，她就馬上想到：「需要三十九碼的布料。」得存六個月的錢。剛好有一個商人要離開台灣，把家中珍藏的獅子掛毯賣出；雅各又從香港買了一張藍色的大地毯，於是獅子掛毯和固定會放在起居室樓梯間的藍色地毯，日後成為「孫牧師宅」的兩大基本元素。

＊為馬偕博士於一八八二年在台灣淡水創立的西式現代化學校。現在存於真理大學校地內。

白色船舶

初來乍到，在這紅磚房裡，竟是連呼吸都要適應。夏天，有稱為「颱風」的熱帶氣旋不時造訪，狂風挾帶豪雨，還會形成嚴重的水災。至於冬天，則陰雨連綿沒有止境，到處濕答答的。台灣北部屬於加拿大的宣教區，宣教士幾乎都來自那兒，雅各和理蓮雖然由加拿大萬錦市的長老教會所支持，卻是「唯二」的美國人。

理蓮不時被鄉愁緊緊纏繞。大船可以開到台北附近下錨，大船意味著什麼呢？意味著與遠方的連結與可能。她回憶道：「在那裡的頭七年，每天都想家，想念美國。我會藉口要買東西去到台北，看看會不會剛好有船入港，可以看到一個剛好下船的西方人。」躊躇的身影幾度留連，卻未曾遇見夢裡依稀的人兒。偏偏信息卻像天空飄蕩的風箏，「信件大約要六個星期才會送到，有時候我感覺美洲大陸一定是像失落的亞特蘭提斯城一樣，沉到海底下去了。」

事實上直到一九三五年，抵台八年之後，她都還有過這樣的詩作：

巨大的白色船舶，回去吧，回去吧！
引擎持續地震動著，
我的哭泣是白費的。
沒有辦法改變船航行的路線，
或是上帝的旨意。

孫理蓮一家是台灣最早擁有汽車的宣教士家庭 。

心裡總有一個特別的空間，易感而容易受傷，獨獨留給自己的家鄉。人是活的，有感受、有思維、有意識……多麼希望再選擇一次，哦，不！如何能有自已的選擇？宣教士的人生選擇權不在自己的手中。

台語的鼻音

起初的那一年，孫氏夫妻最迫切的是學習台語。他倆的作風也讓已經成形的教會模式產生了化學變化。

和之前講究英國禮節的老宣教士不一樣，雅各這道地的牛仔，年輕又充滿活力，還新潮得很，是福爾摩沙第一個有車的宣教士，車種還是大學時那種充滿美國拓荒精神、適於橫衝直撞的福特老爺車。人未到聲先到，加上獨特的台語發音，成為雅各講道的最大賣點。

事實上雅各的台語從未道地過，台語八個

聲調中的鼻音，對英語為母語者尤為難學。雅各曾經用打字機打了一個沒有聲調的羅馬字母，然後在字母後面加了一排的台語聲調，附加說明：「請自行取用鹽和胡椒。」

台語這個必備的基本溝通工具，學起來如此艱難，但身為過河卒子，也只能硬著頭皮往前衝。直到有一次雅各被請去講道，他彆扭地唸著事先熟背好幾次、但發音含糊不清的台語祝禱詞，心想其他人可能都聽不懂，沒想到接續的台灣牧師竟能繼續主持下去。真的有人聽得懂了？這委實給了他極大的鼓勵。

相對於雅各怎麼都不道地的台語，理蓮的語言天賦堪稱尚佳。學台語期間，她發現自己懷孕了。孕期燥熱帶來不適，她必須皺起鼻子，甚至用手帕遮住臉，才能讓自己順利地發出台語的鼻音。

她台語流利得很，不過有一回她想找音樂老師時，原本要說：「你有沒有教過人？」但因為氣音和聲調的誤差，變成了：「你有沒有咬過人？」

宣教士的「配額」

啊，要當媽媽了！孕育生命的驚喜紓解了理蓮來台初期的鄉愁。隨著腹部膨大，她滿心歡喜地準備新生兒的衣服，再怎麼忙都要抽空拿起來看一看，拍一拍，再摺好，捲成小小一塊，仔仔細細地放到一旁。

幾個月後，開始陣痛了，雅各帶著理蓮去醫院生產。

在老舊的計程車裡，年輕夫妻如此對話：「聽說馬偕醫院新來的醫師是宣教士，很年輕但受過很好的訓練。」理蓮的手掌疊在雅各的大手上：「你不要擔心。」

未料一個小時後，那位年輕的醫生單刀直入地問雅各：「你要保太太還是保孩子？」

「我太太！」

從醫院回家後，理蓮把嬰兒衣物收到衣櫃的最上頭一層。

等到再度懷孕，到了快要臨盆之際，她才忐忑地把衣物拿出來，輕撫著柔軟的嬰兒衣物，靜靜等著。

但小女兒早產了。

兩個星期後，理蓮在醫院裡看著睡在小床裡的嬰兒時，護士小姐走過來輕聲說：「她死了。」

在歷經兩個孩子夭折後，孫理蓮平安產下萬福（右）及瑪莉安（左）。

那女孩叫娜歐蜜（Naomi）。

「在中國的宣教士們生五個兒女，通常會失去兩個。」醫生不知怎麼安慰她，只得說著冷冰冰的數字。

「我已經失去兩個了。」理蓮悲傷地說，「那麼從現在開始，我的孩子應該可以被允許留下來了吧！」

嬰兒衣物再沒有被拿出來過。

直到一九三一年，萬福（Ronney

Dickson, 1931-1982）剖腹平安地生出來；隔年，也就是一九三二年，萬福的妹妹瑪莉安（Marilyn Dickson, 1932-）也出生了。兩人都是強壯的小傢伙，但理蓮的心怎麼都放不下，一直到兩兄妹好幾個月大時，理蓮還是會在半夜醒來，悄悄走到嬰兒床邊彎下腰側耳聆聽——確定他們是否都在呼吸。

看見婦女們的苦楚

在那個時代，只有少數人才有機會接受高等教育，大部分民眾根本沒機會讀大學，連識字的也很少。「我們工作最重要的部分，是讓未受教育的、卑微的或渴望學習的每個人都能去上學。」因為關注教育，他們也以教會為據點，廣設查經班。

理蓮通熟台語，經常跟著雅各到教會。有一天，她帶著瑪莉安到艋舺教會參加查經班，結果隔壁牧師館竟傳出嬰兒的哭聲。

「怎麼會有哭聲呢？」理蓮溜了出去。

「有個小嬰兒，媽媽出去買東西，但是現在他肚子餓了。」教會的人這麼說道。

理蓮剛剛給瑪莉安餵完奶，於是一手把寶寶抱進懷裡，餵奶，哄他睡覺，隔壁的查經班才得以不受干擾地進行。

透過查經班，理蓮接觸到更多福爾摩沙的婦女，發現她們的家務實在太沉重了。有不少婦女識字，但是從不看報紙，也不關心外面的世界，當然也不去思考信仰。她們結婚之後，所有的心思就都停留在母親的角色上面，只要做好母親，生命便有了意義。那麼理蓮自己呢？她人生的意義何在？更確切地說，以一個宣教士兼母親、妻子的身分，她的使命到底是什麼？要如何展開？

她的確有心對有需要者助一臂之力，但是真正的解決之道是什麼？有一個少女差點被賣掉，花了好大一番力氣才把人給救了出來。但沒過多久，少女結婚了，竟夥同丈夫合謀殺人，還搶走對方的家當。面對人性隨時可能迸出之惡，什麼才是斧底抽薪之道？思考如同投入湖中的小石子，帶出不斷外擴的漣漪。

07 有笑有淚的餐桌

除了學習台語之外，理蓮協助雅各融入宣教工作當中。隨著雅各接手了台灣基督長老教會的教育系統（擔任台灣神學院院長），理蓮的「民宿女主人」業務也跟著擴展開來。

沒有冰箱，必須有人每天到市場採購。面對這位對菜市場物價波動沒什麼概念的女主人，尤其容易動手腳。第一位廚師手腳不乾淨，被發現而遭解雇，因此需要緊急徵召人手。

雅各自告奮勇地說：「讓我來跟妳要雇用的人談談。」結果他雙眼緊盯著「面試者」一個字一個字地說：「你必須是一個誠實清白的人。」對方當場被嚇跑，再也沒回來。

「算了，還是我自己來談吧。」起碼她不會這麼緊迫盯人，也會從容溫和一些，特別是笑起來，總讓人聯想到母親的溫柔接納。

理蓮對廚師尤其有難以想像的耐心——是否昔時在達塞爾小鎮牧場上的經歷使她餘悸猶存？不得而知。但她的廚房訓練總是按SOP進行，一律由最基本的馬鈴薯泥製作開始，確定真正學會了，再教其他的菜色。有一名廚師學得又快又好，理蓮告訴他：「我沒有辦法再支付你更高的薪水了，但我會把你介紹給可以付更多薪水的人。」於是把他推薦給美國領事，他後來跟著美國領事到了日本。只是理蓮又得從訓練另一名廚師開始了。

桌邊的服務

隨時在旁伺候，適時招呼茶水，清空桌面，以幫助會議順利進行。家務事之繁瑣與細碎，重要性很容易被輕忽。有一次，會議在「孫牧師宅」召開。有人直接了當地問：「妳都為我們這個會議做了些什麼？」遲疑了好幾秒，理蓮才吐出不知是否適合的答案：「我是這間民宿主人的太太。」

北部的長老教會大多由馬偕博士所設立，第一批教徒枝繁葉茂之後，教會人數增多、教會組織擴大，但家族色彩依舊濃厚。當時的淡水教會，主要是由兩個家族所組成，不只立場激烈對立，也常在委員會裡爭權奪位、爭吵不斷。

「他們可以吵架，但是午餐時不准在餐桌上爭執。」理蓮加強語氣道：「我的餐桌。」她不光是說，還擬定了周詳的計劃：預先準備好菜單，設定了各種吵不起來但又人人可以參與、不會被冷落的話題。

台灣每年都有颱風，所以午餐第一道菜的話題，她設定可以繞著「颱風」發展：颱風中發生的驚險之事，如何化險為夷？遭遇越驚險，事後說起來越起勁。

根據理蓮的觀察，甜點上桌時，客人們已經吃飽了，開始放鬆，講起話來也較隨便，也最容易擦槍走火。「這是最危險的一道菜！」她的策略是分散注意力：「把蛇當作吃甜點的話題。」理蓮會不著痕跡地開頭：「颱風天，大水會把蛇和老鼠逼出來……」這下，每個人都可以述說自己與蛇的互動，緊張又刺激，連鄰居、親友們的遭遇也可以拿來說嘴，不愁有冷場。等說完

常被嫌「頭髮太短」的孫理蓮（右）。從左至右分別為孫雅各、瑪莉安（前）、萬福（後）。

一輪後，甜點也吃得差不多了，於是離開餐桌，繼續回去吵架。爭吵的事，果真沒有在「孫牧師宅」的餐桌上發生過。

牧師娘帶來衝擊

雅各豪情四海，任何人都和他「麻吉」得很，使得孫牧師宅門庭若市，客人有事先約好的，也有臨時出現的，連學生們也會在吃飯時間造訪。理蓮寫給朋友的信中曾經說：「何謂『泰然自若』？就是有六十個人照三餐來家裡吃飯，卻不覺得自己的生活被打擾吧！」

一九二九年，一名面頰上有著太魯閣族紫色紋面的中年婦女，來到淡水的孫牧師宅作客。她叫姬望，日後被稱為「台灣原住民信仰之母」。二戰乍起，當所有外國宣教士被迫離台之際，姬望卻不畏日本人的威脅、逼迫，勇敢奔波於各原住民部落之間，使得基督信仰遍傳於福爾摩沙東部的山區。

而火苗點燃之伊始，便是在淡水「孫牧師宅」的紅磚宅院之中。理蓮的餐桌把她餵得飽飽地，而雅各教導她何謂基督真理，然後再把姬望差回自己的部落之中，成為一顆信仰的種籽。

理蓮在孫牧師宅從事的飯食服務，看起來已被眾人所接受，但她對台灣教會形成的衝擊，才正要開始。當時教會對女性仍然存有極深的刻板印象，認為女性「應該」也「必須」要溫柔、安靜，幾乎都穿著平底鞋、留中長髮。然而，理蓮卻留著一頭不太聽話的短髮，踩著高跟鞋奮力前進。

有人這麼告訴理蓮：「孫理蓮女士，妳摧毀了我們過去所有的努力！」

自己豈有這麼大的能耐？她驚訝極了。

「妳的頭髮太短，還有妳的鞋跟，太高了！」

比警察可靠的情誼

孫氏夫婦與原住民的情誼此時早已深種。雅各負責長老教會山地工作與台灣神學院的教育工作，兩項因素交錯之下，讓他成為原住民福音工作的推手。原住民也成為「孫牧師宅」這家「民宿」絡繹訪客中的一群。一九三三年的家書中，理蓮這麼寫道：

現在有四個人住在樓下，他們全都是原住民。其他的夜晚，我跟一隻高壯、半野生的山犬一起度過。來我們家幫傭的婦女，她曾經帶母雞跟一群小雞來逗弄孩子們。某天晚上當我一個人的時候，我聽到一群野狗過來的聲音，但是我找不到東西丟牠們……

我到樓下去找那些原住民朋友，他們拿著棍子跑出去，幫我趕走牠們……在月光下，上半身赤裸的原住民朋友們激動地揮舞著棍子，並且嘗試向我解釋為什麼野狗們會過來。他們告訴我必須把小雞們帶走。

在這封家書中，理蓮還告訴美國的家人，鄰近的明有德宣教士（Mr. McMillan）家中遭竊，餐具、桌巾、食物以及碗盤被偷走，損失達五百元美金。更驚悚的是，一把刀還被留了下來！且事發之時，明有德宣教士的妻子及孩子們就在樓上。這事件使得不時要前往山區宣教的雅各，為單獨在家照顧孩子們的理蓮感到不安。然而樓下的原住民朋友加上山犬的保護，帶來了久違的一夜安眠。「勝過有警察在房子周圍巡邏。」

對這個家庭來說，宣教與家庭生活根本連結在一起。雅各和理蓮不只時常相偕前往山區，有時連孩子們也一起帶上山。萬福比較年長，自己坐一個竹轎，保姆和還是小嬰兒的瑪莉安共坐一個。

帶著孩子們到山區，所需行李眾多，理蓮甚至需要六名壯漢來協助搬運。搬運工以行李的重量來收取費用，行李秤重的時候，一個搬運工用他的腳指夾著繩子往下拉，想增加重量，結果被理蓮逮個正著——對於在麥卡利斯特學院當過秘書、慣常和大學生們打交道的理蓮來說，這根本是司空見慣的小把戲。

不幸的孩子

山區宣教時居住的小屋，乘載了陽光與熱情，美得如同電影海報上才會出現的度假小屋，但小屋旁邊都是足足有兩個成人高的草叢，誰知道會窩藏著什麼？一定會有最可怕的蛇呀！理蓮趕忙砍掉周圍的草。沒想到入夜之後，每晚都有野豬到訪，在院子周圍打轉。

台灣百姓或許對原住民存有偏見，但來自美國的孫氏夫婦卻不受這些社會刻板印象的拘束。「原住民和漢人很不一樣，長相不同，跟中國人和日本人都不一樣。他們比較高，而且膚色比漢人深。」理蓮這麼觀察道。

「但是，妳看。」雅各終日面對著學生，連跟理蓮說話，口吻也像在跟學生上課一樣。「山地人，就是原住民，比任何人都早來到這裡。沒人確定他們從哪裡來，也許是南洋海島，也許是曾經為獵頭族的婆羅洲原住民。」

孫理蓮在原住民朋友的協助下，進入山區宣教。

「還好是『曾經』。」理蓮說。

「不過也不能這麼說。想想看，獵頭族只是使用三呎彎刀，刀子在原住民手裡一揮，人頭喀嚓落地。跟所謂的文明國家使用子彈和炸彈，又有什麼不一樣？」

「沒錯。現在他們被隔絕在山上。對日本人來說，他們礙手又礙腳。在侵略者的眼中，他們甚至是敵人。」理蓮頓了一下，「但對我們來說，他們是主懷裡不幸的孩子。」她平靜地說。

驚險逃過一劫

颱風之於福爾摩沙，是否如同美國的颶風呢？無論如何，根據文獻與理蓮的書信，我們多少可以知曉，早期的孫氏一家，對此亞洲慣有氣象的威力並不是如此熟諳，往往因為過度樂觀，而出現不少「颱風歷險記」。

有一次，孫家四人（雅各、理蓮、萬福、瑪莉安）預備從台北搭火車返回郊區的淡水。當時，那段路特別容易淹水，有時水高到連街道都可以划船。眼看著颱風臨近，開始忽晴忽雨，雅各有事要處理，盤算了好久，臨時決定搭早一班火車趕回。

他對家人們千叮嚀萬囑咐：「你們就待在台北，我事情處理好就回來……水應該不會漲到太高，但是你們一定要小心。」而後他加重語氣道：「理蓮，就在這裡等著。」

沒問題呀！理蓮聳聳肩，孩子們可以邊等邊玩，自己也可以看點小書，小事一樁而已。

到了下午，水終於消退了，雅各開著車來接他們。一路上雅各白著一張臉，又不講話，令理蓮詫異又不安。

「怎麼了？」

「等一下經過的時候，我會叫妳看。」

前往淡水路上，一節變型的火車車廂就躺在山谷裡，工人們忙著將乘客屍體一一抬出來。

「我問過他們，那就是我們原本要搭的火車。」雅各沉聲說道。

颱風的威力讓來自美國的孫理蓮留下深刻印象。圖為一九六七年颱風吉達侵台後，市區成為水鄉澤國。

皮爾斯博士來到

颱風最常於夏秋之際發生，往往形成交通上的困擾。有一天，理蓮好不容易冒著颱風從東部回到台北，一到家就看到雅各留的字條：「理蓮，去機場接皮爾斯博士！」於是，她又立刻趕到機場。

天空中還殘留著颱風帶來的水氣，很快又下起雨來，「啪啪啪」地打在身上。松山機場所在地算是「近郊」，唯一的一條起降跑道，上面長著草，旁邊還有用來遮陽或避雨的簡易小屋。

此時問題來了：「我要怎麼認出皮爾斯博士呢？」理蓮低頭沉吟著，轉頭又想想，既然是「博士」，那就應該會因為讀書讀太久，而看起來很有學問卻不好相處吧？

頭一位下飛機的外國男士，帽子拉到眼睛處，一副拒絕溝通的模樣。她趕緊跑上前去。

「你是皮爾斯博士？」

「不是！」

年輕的皮爾斯博士（後）與泰雅族婦女合影，他對社會弱勢者向來有一份特別的溫柔與同情。

皮爾斯（中）因孫理蓮（右）之邀，來到樂生療養院探望漢生病友。照片攝於一九六〇年代。

接下來，是一張長著雀斑，有著和善藍眼睛和金紅色捲髮的男士。「我是鮑伯・皮爾斯（Bob Pierce）。」這是他第一次到福爾摩沙。「他們在教會等我們嗎？」

理蓮不知該說什麼，只能點點頭。

「那我們走吧。」連旅館也不去，直奔教會。

皮爾斯博士日後創辦了「世界展望會」，對社會弱勢者向來有一份特別的溫柔與同情。

理蓮跟他說起剛到台灣時，在戴仁壽醫生的漢生病診所的所見所聞：「連過中國年的時候，他們也不能回家團圓。所以自殺率會比較高些。」

聽到這些，皮爾斯特別留下一筆錢，讓漢生病患可以吃到熱騰騰的年夜飯，不能回家團圓的傷痛也可以轉移些。後來皮爾斯博士成為理蓮創辦的社會福利機構「基督教芥菜種會」的支持者，他們都看到了貧病者及無助者的需要。

08 睽違七年的假期

雅各全心投入教會的教育和宣教工作。到了一九三四年，已經在台灣宣教七年了，按照規定可以休假。其次是理蓮脖頸後面長了一個癰，醫生看了忍不住直搖頭，海外宣教士們體力都透支得太厲害了。醫生告訴加拿大長老教會總會：「從醫學的角度來說，最好現在休假。」總會終於批准了他們的休假許可。

返美休假的第一站便是到梅約診所（Mayo Clinic）進行手術。手術後理蓮整整睡了兩天，醒來時，聽到護士們竊竊私語說：「她也許已經死了。」一連媽媽莉莉和二姊艾美也被找來幫忙看顧兩個孩子，但是瑪莉安不太會講英文，只會講台語及一點中文。等理蓮醒過來之後，二姊艾美趕緊拿了瑪莉安寫的一堆神秘圖案詢問：「這些代表什麼意思？」原來都是中國字，也是瑪莉安認得的主要文字。

瑪莉安的抱怨

趁著休假，他們到加拿大的教會講道，分享福爾摩沙的需要。

回美國拜訪家人時，雅各到維吉尼亞州的里奇蒙（Richmond）上課，理蓮則學習開車。有一天開車上路，看到一輛車向她開過來，結果一個轉彎，竟然把車直接開到人行道上。一名交通警察趕了過來，詢問怎麼回事。

「一輛車朝我開過來，我必須閃開呀！」

交通警察不耐煩地推了推帽子，大聲說道：「女士，如果妳在學開車，請不要在這裡開！」於是，理蓮的開車生涯就這樣結束了。

理蓮還替瑪莉安買了一個非洲裔美國人的娃娃，被瑪莉安取名為「內莉．維吉尼亞」。兩年後，回到台灣的瑪莉安上幼稚園了，在日本女兒節當天，幼稚園要求孩子們展示自己的娃娃，瑪莉安便把「內莉．維吉尼亞」和其他孩子們的娃娃放在一塊兒——在宣教士家庭成長的她，世界就是如此多元而開放。

孫理蓮一家終於可以暫時返美休假，照片為一九三九年於美國休假時所攝。

長假之後，孫家人返回福爾摩沙。一九三六年，日本政府對福爾摩沙展開以母國認同為目的的「皇民化運動」。在母國價值與風尚為唯一認同的極度標舉下，自然必須排除其他

日治末期，日本在台灣展開皇民化運動。照片為孫理蓮（右）與女兒瑪莉安穿起和服的模樣。

有影響力的外國人士與外國文化。這些因素促使日本國內掀起一股反基督教情緒，並延及殖民地福爾摩沙：戶外集會被禁止，室內集會必須得到警察的核准，還要求學校學生都到神社敬拜。

影響要徹底，同時也要深化，日本政府頒布了一項法令：凡是到福爾摩沙的宣教士，都要說日語。

要說日語？如此刁難，那麼是否要放棄這個宣教區呢？宣教總會最後決定正面迎戰，讓宣教士們集中到東京，去學習一年日語。換句話說，孫氏一家才休假返回不久，就必須打包飛往東京。那時萬福已經五歲，瑪莉安則快四歲，生氣地說：「為什麼我們要一直搬家？我想要待在同一個地方。」

懸念福爾摩沙

令雅各和理蓮更加不捨的，是目睹福爾摩沙的需要，隨著日本軍閥侵略東亞的野心愈熾，殖民地被剝削地更甚。已經很貧窮的人民被課以更重的稅賦，還有即將到來的冬天，會不會比往年更寒冷？孤兒們怎麼辦？

趁著飛往東京前的幾天空檔，理蓮把鄰居們召集起來，要大家每週撥出一個下午把舊衣翻新。理蓮也這麼告訴遠在美國的家人：「事實上，這需要運用一個人全部的創造力、想像力、發明力和勤勞的雙手，才能將一件舊的冬衣修改成一條男孩的褲子，或是把一件過時的法蘭絨水手服製作成小女孩的外套。我把這些勞動的成果收在大箱子裡，以備日後準確地分發給最需要的人。」

就這樣，一件無趣的家常工作，因為愛心以及這件事可能帶來的溫柔護庇，而有了存在的價值。

問題是，再怎麼做，仍然是杯水車薪吧？她忍不住感嘆著：「我們確實處在亂世，生活在這些人民之中，不能不感受到他們的憂愁，重擔壓在我們肩上。這是前所未有、最需要加油打氣的時刻，我們仍然在這裡進行著工作，彷彿世界都沒有改變一樣。」

在刺刀間繞行

到了東京，雅各去語言學校上課，理蓮則請了到府教學的家教老師，兩人都被迫必須在一年內學好日語。有一天理蓮讀到這麼一條說明：「東方語言沒有規則。」她真是氣壞了，沒有規則，這可怎麼學啊？

「住址是一連串難以理解的音節。沒有辦法說，沒有辦法寫，好像傻子一樣在兜圈子。」信上她這麼寫著。連家裡的地址都不會唸，更別說要記住了。必須外出購物時，理蓮就把地址寫在紙條上，拿給計程車司機看。

彼時，日本人對關東大地震（一九二三年）的餘悸未平、加上世界性的經濟大蕭條（一九二九年）爆發，交相影響的結果，到了一九三一年，日本的批發物價竟然整整高出百分之三十一，通貨膨脹如此厲害，讓全日本都瀰漫著恐慌。向外侵略以舒緩國內壓力，逐漸凝聚成一種氛圍，緊張局勢也在升高。

有一天，理蓮跟她的日文家教老師上街，看到皇居護城河外聚集著大批民眾。人們移動著，卻是安靜無聲，完全反常。然而，第二天報紙送來，標題是「警察獵捕流浪狗」，天下太平得像是沒有新聞可報一般。

此時，隔壁通曉日文的宣教士匆忙前來告知，叛軍已經殺光全體內閣，並佔領了市區，隨時可能發生巷戰。

恐怖的情況令人頭皮發麻。理蓮擔心地問：「叛軍會不會炸掉警察局呢？」警察局就在他們家隔壁。

「如果他們要炸，我希望他們要瞄準一點。」雅各竟還有心情說冷笑話。

太焦慮不安了，根本無心學日文。為了平撫心情，只好轉到家事上，結果理蓮洗了所有衣服，又整理了衣櫃和抽屜，堪稱績效上佳。

幾天後，城市控制權被國家部隊從叛軍手中奪回，同時宣布實施戒嚴令。＊當時他們居住的巷弄十分窄長，容納空間極度有限，理蓮形容道：「如果有士兵在巷子兩旁舉起刺刀，你沒有辦法從刺刀和車子中間穿過去，士兵也不會移開刺刀，所以你得先看清楚有沒有車子過來，然後盡快繞過刺刀。」那段在刺刀中間繞來繞去的經驗，讓理蓮連續做了好多年的噩夢。

時局動盪，孩子們還發了好幾回的痲疹和流行性感冒。不過，理蓮終於學會了可以簡單交談的日文。

野尻湖夏日

日本帶給這個家庭的，絕不只是緊張的戰爭氛圍。事實上他們瘋狂愛上了野尻湖（Nojiri），有好幾個夏天都在這裡渡過。

雅各的例行性休假只限於八月，理蓮會帶著孩子提早兩個禮拜到，又晚兩個禮拜離開。從福爾摩沙到野尻湖要先搭船到神戶，再轉乘火車。七月中旬正逢日本的雨季，在搭乘的火車中，孩子們畫著車窗玻璃，不解地抱怨著：「為什麼我們每次來的時候都在下雨呢？」但火車一抵達，他們就直接跑進日本阿爾卑斯山的松樹林裡。從小木屋的窗戶可以看到閃閃發光的山中湖泊，多像自幼居住的彼略湖呀！

雅各也打起高爾夫球，才打第二次就打出一桿進洞，當下成為名人。「我打出一桿進洞！」

＊孫理蓮所碰上的就是影響日本甚劇的「二二六事件」。二二六事件是一九三六年發生於日本東京的一次失敗政變。事件發生後，軍方對政府決策的影響力大增，也使日本加速走向法西斯主義，在接下來的第二次世界大戰中積極向外擴張。

準備與友人前往湖泊玩樂。右一為萬福，左一為瑪莉安。

他開心地大喊，牛仔本性顯露無疑。

野尻湖畔的夏天，總有許多美國宣教士家庭聚集，可以說說美國景物、用英語交談，對於七年才能回一次家的宣教士，具有相當程度化解鄉愁的療癒作用。

漸漸地，隨著二戰的緊張局勢升溫，宣教士之間也跟著謠言滿天飛，經常聽到的是：「我聽說你們被殺掉了！」

在這裡，理蓮一家巧遇了返美休假時所結交、在日本宣教的克勞福夫妻（Vernon and Matsu Crawford），兩個家庭共同買了一艘帆船。雅各又另外買了一艘出遊用的遊艇，遊艇上有鍋子，可以一邊做著鬆餅，一邊駛向夕陽。

在福爾摩沙，孩子們沒幾個美國玩伴，克勞福家的兩個孩子剛好跟萬福與瑪莉安同年，玩得開心極了。孩子們拜颱風之賜，根本不怕搖晃暈船，搭輪船時興奮地跑到後甲板，坐在一圈繩子上面，看著遠方的船隻出沒、消失在地平線。

如果真能在野尻買一幢小屋就好了，但這根本超出他們的能力。「我要送你野尻小屋」常在聖誕節交換禮物時被提及，成為孫家人的共同密碼，也是一個禱告、一個夢想。

「這裡是孩子們的天堂！」雅各這麼告訴朋友。

是的，到了野尻就不想離開。但九月的腳步越來越近，空氣變冷，樹葉開始飄落。森林裡，最後幾間小屋都被封了起來。一九四〇年，在野尻的最後一天，有一張椅子不知怎麼回事，一直被門卡住。理蓮費力地想把它從門廊搬進屋裡，還忍不住叨唸著：「明年回來，如果雅各看到這情況，一定會發火的。」那時的她還不知道他們已經要跟野尻永遠地告別了。

逃離神戶水災

一九四〇年，他們最後一次前往野尻，還與死神擦身而過。按例他們在神戶轉火車，發現竟然連下了三天大雨，等他們要出發時，大雨仍舊沒停。神戶英國領事的太太（剛好是他們在淡水的鄰居）警告道：「太危險了，你們不知道這裡大雨的厲害。」

向來樂天的雅各和滿心只想著渡假小屋的理蓮，卻決定照計劃前往。他們買好車票，登上火車，但火車開動前，一位穿著制服的日本官員匆忙走進車廂，激動地說道：「我是觀光局的人，我求你們不要去，太危險了！」

「他們很害怕土石流。」雅各一邊向理蓮解釋，一邊拿起行李，趕著兩個孩子下了火車。

火車駛離了，觀光局的官員一臉感激地深深鞠躬，離開了。

「我們該走？還是該留下？」雅各問。

「你決定就好。」理蓮說。

「那我們去得越遠越好。」雅各這樣決定。一小時後，他們還是搭上了開往野尻的列車。

在列車上，整晚只聽見雨打在車窗上的聲音。第二天凌晨，神戶水庫垮了，不知情況嚴重的雅各和理蓮，一早就從火車車窗看到河水暴漲，水淹到屋頂，但鐵軌沒事，火車繼續前進。到了第三天，神戶淹大水的消息傳來，大水從山上沖下，數千人被沖到海裡，還有許多房屋被沖倒。有一間百貨公司地下樓的購物人群被大水給困住了，驚慌失措中，有些人衝向地鐵站，全數死亡；而那些搶先爬上樓梯的，則僥倖獲救。

理蓮一行人到達野尻時，人人瞪大眼睛，問道：「你們是怎麼逃出來的？」

事後，理蓮跟瑪莉安提過好幾次：「有一次我在颱風天決定不用那張火車票，結果救了妳一命。還有一次妳父親堅持要等最後一班火車，結果救了全家人的性命。」這一次，雅各做出離開神戶的決定，讓全家逃離了一場大水災！

09 重回紅磚房

日語學習課程完成之後，孫雅各牧師一家回到福爾摩沙，搬回到原本居住的紅磚房。

一如往昔地，入冬之後，天氣急凍，加上東北季風強颳，他們趕緊把雙手放在煤桶子上方，讓熱氣往上冒，把自己手掌弄得暖呼呼的。

從淡水到台北市區或附近鄉鎮，照舊得搭人力車，但有一次人力車的車伕竟然自己跑掉了，回程時只好走路回去。一路上，細碎的海浪聲形影不離地伴隨著。

「在淡水居住的人都會生一種病，那就是你會不想離開這裡。」理蓮這麼寫道。

在這間頗有年歲的磚房裡，陽台極為寬敞，不只可以俯看淡水夜景，還可以眺望觀音山黝黑的輪廓。她把孩子們抱在膝頭，坐在搖椅上哼著兒歌，〈卡布里島〉、〈西班牙騎士〉，還有從外婆珍妮那裡學來的印第安歌曲〈紅翼〉。

「我還要聽。」

「好的。」

孩子們長大了，紅磚房裡到處是孩子的跑跳聲。萬福與瑪莉安最常玩的遊戲便是「打開防颱窗」。

孫理蓮（右二）帶著孩子們在游泳池開心地游泳。

由於颱風頻仍，磚房裡所有窗戶跟門都裝上了綠色的「防颱百葉窗」。有一次理蓮沒關好窗戶，看到對面一位身型壯碩的女士被劇烈的強風給吹動，竟然「像羽毛一樣輕易地旋轉起來」，瑪莉安這麼描述。

淡水的童年

孩子們玩開窗遊戲，不可避免的是常有棲息在黑夜中的蝙蝠飛進來。蝙蝠在房子裡迷路，四處打轉衝撞著。天花板太高了，孩子們用掃把攻擊，慘叫聲中，蝙蝠們被擊落了。還有毒蛇、蜈蚣、蜘蛛、街坊裡似乎無所不在的「海盜傳說」，以及遠方傳來戰爭的消息。

多年之後，瑪莉安在大學裡聽到一名宣教士的小孩說：「在北美的生活是多麼平淡。當你回到房間的時候，沒有東西可以追逐。」讓她忍不住熱淚盈眶。

她一直記得淡水的童年，燒飯的和來幫忙打掃的都是台灣人。連台灣的牧師也會來找雅各，台語是最主要的溝通工具。Soshan（陽明山）、Mariyama（玉山）以及Kerinko（花蓮）這些詞語經常出現在談話中，這外形像蕃薯般的海島，被一條又一條由高天垂降的神秘絲線維繫並保護著。

雅各和理蓮的宣教工作必然會帶動人們之間的關懷，使得孫牧師家的組成也慢慢產生了變化。之前那個在查經班因肚子餓而哭鬧，被理蓮餵飽、哄睡的嬰兒，媽媽因為傷寒而住進醫院。寶寶的家裡本來就有好幾個孩子，親戚們接手照顧了一些，唯獨這個男寶寶太小了，沒人願意接手。

「小寶寶是很麻煩的。」孩子的爸爸傷心地告訴理蓮。

日本女孩穿著漂亮的衣服來到教會。前排左為瑪莉安。

「你要我收養嗎？」

爸爸流著眼淚：「我一直擔心這件事，誰要來照顧呢？」他在學校裡教書，又不放心交給其他人。

就這樣，這個小寶寶來到「孫牧師宅」，成為理蓮家中的一員。

在這個時期，隨著皇民化政策的深入推動，淡水也出現了微妙的變化。隨處可以聽到日本歌曲、聽到風鈴聲，還有推拉式的紙門，木屐走動時的聲響也迴盪在街上。日本女孩們當然也被邀請到教會，穿著漂亮的和服，還帶來卡片。

聖誕節是基督徒最重要的節日。孫理蓮一家攝於聖誕樹前。

無論如何，既定的教會工作都要盡可能地推動。宣教士們一星期舉行一次禱告會，每次都會激昂地唱著〈旗開得勝〉（Fling out the Banner）這首詩歌，瑪莉安聽到「旗旗」時，就會聯想到樓梯的欄杆——閃亮的紅木欄杆！

〈古舊十架〉（The Old Rugged Cross）是雅各最喜愛的一首詩歌，也經常在禱告會中吟唱。

對基督徒而言，聖誕節是最具有紀念性的節慶。為了找到可以代表「聖誕樹」的樹，宣教士們往往要用好幾個禮拜來進行相關布置。有一年的聖誕節，萬福和瑪莉安在淡水教會獻唱〈馬槽聖嬰〉，結果瑪莉安起錯了音，萬福輕輕推了一下，瑪莉安不甘示弱地回戳，於是兩人就在宣教士的眼皮底下，打成一團！

接近天堂的地方

再次返台，雅各與理蓮仍往返於山區宣教；加上負責神學教育，雅各可以為部落揀選有熱忱而適合的牧者，使得一個又一個山地教會在他任內被建立起來。

某個週日清晨，理蓮把孩子們叫起床，讓萬福和瑪莉安睡眼惺忪地吃完稀飯，再全家搭乘公車到台北，把孩子託付給宣教士宿舍裡的宣教士。

然後，雅各和理蓮搭乘一輛公車，顛簸地出發了。路越來越窄，也越來越崎嶇，但是山景卻越來越美麗。飄著香氣的金黃稻田間，朝露未晞，人們卻已經下田工作了。

沿著村莊裡狹窄的街道前行，再轉向登上一級又一級的石階，終於到達一間矮小且有著粉白外牆的教堂。

泥土和石頭砌成的牆壁做工紮實，沒有靠背的板凳很硬，只鋪著粗糙紅磚的地板因年久而略顯破舊。然而，門外景色卻是美的極致：村莊、河流、豐收的稻田，外加暈染著粉藍與玫瑰色、充滿秋天氣息的群山，如此天人合一。理蓮回憶說：「雅各誠摯地講道，他們也誠摯地聆聽。我看到他們眼中的淚珠，我熱切地希望我們西方人只把好的教誨和好的事物，帶給這些謙卑的人們；而所有從西方文明產生的危害，都不要來到這裡。」

那天，離天堂很近。

五分車的驚險滋味

農場女孩的務實，讓理蓮的雙眼從不只停留於心靈層次的感動。是的，這裡美得不可思議，但她也對當地環境感到詫異與不解：「為什麼人們不試著將同樣的美引到住家裡面呢？」

泥磚屋裡是泥土地面，下雨天既泥濘又濕滑，連在自己家裡走路都隨時可能滑倒。住家旁邊甚至就是髒到不行的豬舍，「他們耐心耕種那樣整整齊齊的稻田，為何家裡卻不是這樣？」

另外讓理蓮扼腕的，還有衣著的習慣。長老教會規定要識字才能受洗，換句話說，她在教會所遇到的，已經是受到相對良好教育的年輕人了，但如同她在家書中所說的：「他們的衣服經常是鬆鬆垮垮的，看起來顯然就是不舒適，我多麼盼望可以收到一整船的別針，然後有三年的時間可以到各地去，把每個人的衣服別好。這樣他們就知道衣服合身是什麼感覺！」

那一天主日禮拜過後，夫婦倆還參加了婦女組的會議，之後才趕路回家。部分的旅程得坐一種俗稱「五分車」的手推車。這種車大多運用於煤礦區，駕車的工人先是在後面推，等車子開始前進，再跳上車。五分車是四個人一車，面朝外坐在小板椅上。在車子加速衝下陡峭山坡時，隨時有脫軌之虞，一旦脫軌，乘客得立刻跳車逃離，方不致跟著掉進山谷裡。

「比公車危險，但是比較平穩。」他們坐定後，有人笑嘻嘻地說著。

一路上，因為加速前進，車輪和軌道摩擦不時發出刺耳的聲音。乘客必須緊緊抓住才不會被甩飛；但為了以防萬一，卻又不敢抓得太緊，只得緊閉著雙眼拚命禱告。等五分車順利到達終點，從手掌到肩膀都快不是自己的了。

之後他們換乘火車回到台北。一到宣教士宿舍，第一件事當然是去看兩個寶貝。「你們想我嗎？」這一路回來的過程可是彷若生死交關呢！

「不想！」孩子們愉快地回答。

10 被監視的日子

二次大戰，日本與美國對立，生活在福爾摩沙的美國人像夾心餅乾的內餡般，進退維艱。一九三九年十一月，理蓮寫信告訴美國的家人：「我們依然認為在這裡很安全，雖然美國政府看待我們，就像某些人看待古里古怪、卻又擺脫不了的窮親戚一樣，憤怒又難為情。」

戰爭的影響越來越嚴重，有一回深夜，雅各不在家，孩子們睡在樓上，理蓮聽到飛機逐漸靠近的聲音，忍不住放下書本跑去陽台。結果飛機一飛過自家屋頂，就直接掉在附近，爆炸的威力震得整幢房子不斷簌簌搖動。

十一個特務

有一天，理蓮慣常地從陽台走下台階，然後轉向大門。她突然發現，大門外的樹叢後面，有個男人站在那兒，帽子蓋著眼睛，外套又緊緊扣著，只靜靜地注視著。

什麼人呢？如果有正事要辦，不都應該只是路過嗎？怎麼會一動也不動？她的眼睛再度投向圍牆外巷子的另一邊，又有一個人蹲在籬笆後面，夕陽清楚地照映出他的身影。

怎麼回事？理蓮裝作若無其事地關上門，趕緊把門閂好，如往常般從容地登上台階，穿過陽台。她知道不只一雙眼睛在背後盯著，得趕緊讓雅各知道才行。

「孫牧師在哪裡？」她問廚師。

廚師指指書房。

一進去她就把門頂住，幾乎要喘不過氣來。「圍牆外有兩個人監視著我們，你最好趕快打電話報警。」

雅各大手往書桌上一攤，把椅子向後推。「不是兩個，是有十一個。我們不能報警，因為他們就是警察。他們是日本特務。」

「為什麼呢？」

「就是來監視我們的，我們得習慣這樣，理蓮。」雅各平靜地說。

雅各因宣教工作，必須不時跟福爾摩沙六萬名基督徒保持聯繫，被日本人列為重要監管對象。這些特務不只監視舉動，還負責蒐集情資，一旦判定對方握有重要軍事機密，可能就會讓他在不知不覺間人間蒸發，或說是感染天花而「被消失」。

無論寒暑、颱風、下雨、淹水，都被日夜監視。被監視者為難，生活飽受干擾；執行監視者又如何不辛苦？某個天氣惡劣的晚上，「雅各，我可以拿點熱茶給他們喝嗎？」理蓮忍不住從窗邊轉過身，這麼問道。

他搖搖頭，「他們會以為妳在茶裡下了藥。」

真的有人監視嗎？有人對雅各和理蓮的警戒提出疑問：「會不會是你們太緊張了？對戰爭

神經過敏而產生幻想？」

理蓮忍不住拽著客人的手臂，去到門邊。「看看，籬笆那邊。」光是一片樹叢裡就站著三個特務，全部面無表情地向外張望，沒有因為被發現而感到不好意思。

特務甚至會進到屋內翻看桌上的雜誌，還問問題。一位特務直接對廚師這麼說：「告訴你家女主人，寄信時不要封口，我們讀過信之後會封好的。」

瑪莉安最年幼，特務還好幾次刻意找她說話，希望套出一些東西。

從淡水到台北的火車上，曾經有特務直接坐到理蓮身邊。

「我是特務！」他用不太標準的英文自我介紹，然後開始問：妳要去哪裡？為何要去？妳喜歡日本嗎？為何要來福爾摩沙？

其他宣教士宿舍的情況也不遑多讓。有位宣教士要把衣物提到熨衣間，一位特務聽到腳步聲，趕緊溜進去躲起來。結果她一開門剛好迎面撞上，嚇得差點把手裡的衣服掉到地上。

「妳有跟他說話嗎？」理蓮問。

「嗯，我就用日文說午安。不管他們出現在妳的床底下或其他地方，總還是得保持禮貌啊！」

老阿清的自白

雅各身分實在太過敏感了，因為怕被連累，朋友們開始裝成不認識他。有位牧師好幾次在天未亮時帶著食物前來，過程中還改過好幾次路線和到訪的時刻。

同一時間，日本人的監視也加深，開始往雅各的生活圈下手。

有著一張布滿皺紋臉龐的老阿清，一直在孫家打雜。她被介紹來時，朋友這麼告訴雅各：「老阿清做不來一般的勞動工作，但是家事，例如刷地板、洗衣服，什麼都行。」

她身體不好，什麼說得出名字的草藥都吃過了。沒多久，朋友告訴雅各：「她現在在你家擦地板，你可以把她送去看醫生嗎？」

雅各二話不說，立即著手安排。醫生說老阿清的情況得立刻開刀，不料到了手術檯上，醫生診斷是癌症末期，已經擴散了。沒有其他辦法，只好把傷口再度縫合。

等再次回到孫家，理蓮只安排了最輕鬆的工作給她。出乎意料的是，老阿清不只沒有死掉，還康復了。於是她把一切歸功於雅各的協助，說要一輩子不收酬勞地工作。

雅各堅持要付薪資，她說：「因為你，我才能康復，所以要一直為你做事。」老阿清兩隻手插在腰間，絲毫沒得商量。雅各只好在銀行為她開了一個帳戶，定期將薪水存進去。

到了一九四〇年，絕大部分宣教士都離開了，偏偏孫氏夫婦還在。在日本人的眼中，間諜的可能性大增。「老阿清」也被特務鎖定。

有一天雅各回到家，她說：「特務來過。」語氣有點焦慮，「但是我沒讓他們進來。」

「沒關係，我們光明磊落。」

「嗯……」猶豫了半天，老阿清鼓起勇氣，稍稍多說了一點：「我……有讓他們進來。」

「咦？」雅各問：「他們進來幹什麼？」

「沒什麼。」

「可以啊。」雅各頭點得更深，好讓老阿清更放心些。「他們可以看任何想要看的東西。」

「嗯，他們確實看了些東西。」

雅各等她繼續說。

「他們打開你的保險箱，把所有東西攤在地上，用相機拍照。」阿清表情越來越緊張。「你不要讓他們知道我跟你說……如果告訴你，他們會殺掉我。」她的哀求得到應允。

後來老阿清決定成為基督徒。但是要成為教友，規定必須要識字、要能夠研讀聖經，她也試過，但總學不來。「我看著書，心裡老想著地板還沒刷洗。」她邊說手上邊搓抹布，發愁得很。後來教會放寬標準，老阿清終於順利加入教會了。

山羊新事業

戰爭對民生物資的影響逐漸出現，為了節省汽油，日本引進了藍色的電動公車。皮革都被拿去做士兵的鞋子，民眾只能買到劣質、像硬紙板般不耐穿的鞋子。政府甚至推出一種叫「短纖」的衣料，一碰水就破。

理蓮一看到咖啡，立刻皺起眉頭，拿近些聞聞，發現不過是豆子、菸草、木屑的混合物。而另一件讓她頭痛不已的，還有麵粉裡面鑽來鑽去的象鼻蟲，得一一篩掉。

食物配給也越來越嚴格。士兵被優先餵飽；如果還有剩下的，才會分配給平民。原本每人每天有三碗米，縮減成一碗。不足的部分怎麼辦？民眾被告知得想辦法找東西來補充營養。報紙上特別刊載了專論說蛇肉很好吃，並提供聲稱是實驗過的食譜；電台開始勸導百姓吃草，對草所含有的營養素誇張地頌揚了一番。「真的嗎？」連在牧場長大的雅各和在農場成長的理蓮也忍不住心動了。煮來吃吃看吧？當然又苦又難以下嚥。

兩軍交戰，勝負未定。所有外國人都變成潛在的敵人，更何況還是敵對陣營的美國人呢！這導致理蓮去買菜時，商家會攤攤手，假裝沒有東西可以賣了；腳踏車騎了半天，如果能買到一顆高麗菜，還算好運。

儘管「孫牧師宅」的客人少了些，但總還是得有菜端上桌呀！理蓮守在餐廳後門，又是拜託又是商量的，終於要到麵包和肉。有一條培根肉發霉了，她把長蟲的部分切掉，只剩下中間一小塊，煎熟了一看，實在太寒酸了，又特意拿出最好的瓷盤來盛裝，還擺出最好的桌巾及銀餐具來裝飾。

事實上，對照福爾摩沙的現況，孫牧師宅已經算是「樂園」了。好些人飢餓死去，許多小嬰兒因為媽媽奶水不夠而夭折。

有一天，理蓮含著淚水告訴雅各：「食物太少了！」她看到一對老人家在遺書上這麼寫著：「我們已經活夠了，但是你們的生命才正要開始。」於是決定自殺，好讓家人可以吃飽些。

「一定有什麼辦法，一定可以想辦法弄些東西。」雅各激動得把拳頭搥到另一手的手掌裡，突然道：「我想到了！我告訴妳該怎麼做。羊！從日本進口，就有羊奶給小寶寶喝。如果其他人也有羊，羊奶就可以挽救許多生命。」對牧場長大的他而言，羊的用處可大了。

原先含著眼淚的理蓮，被這番話嚇得擦掉眼淚，「這可不歸我管。我從沒研究過羊，而且也不想跟羊扯上關係。」

談起羊這群舊識，雅各興致勃勃地掛保證，「我來處理這件事，妳一點都不用擔心。」說著，順手送出了訂單。

幾個星期後，聽到前院傳來吵雜聲，原來是一籠一籠的山羊送來了！理蓮從紅磚房的窗戶探出頭來大喊：「不要放在前門口！」

但送貨員已經撬開籠子，山羊陸續走了出來。搭船又換了卡車過來，羊群有點暈船，隻隻像喝醉了一樣搖搖晃晃地；又因為在小空間裡彆太久，每隻都「野性」大發，站穩後就邁開四隻腳暴衝。她才剛下樓來，大羊們已經不知跑到哪裡去了，小羊卻餓得咩咩叫。

「四、五、六、七隻小羊。」理蓮邊嘘走一隻跑進屋裡的小羊，邊認真告誡：「你們的媽媽在外面草地上。如果要吃奶，趕快去找媽媽！」小羊根本聽不懂，她想到羊是從日本來的，急忙改說日文，結果也沒用。無計可施，只好抱起小羊，帶到院子草地上，滿懷希望地把牠放在母羊旁邊，母羊卻自顧自地曬太陽，一副懶得理的模樣。

等雅各從神學院趕回家時，理蓮這麼說：「你有個大難題。這些小羊一定是別人家的孩子，母羊不肯餵奶。現在怎麼辦？小羊吃什麼呢？」

雅各說：「我猜得用奶瓶來餵牠們，嗯……就這麼辦，用奶瓶，小嬰兒用的那種。」

問題是，誰來餵？

理蓮好不容易在少數還有賣罐裝奶粉的雜貨店裡，用貴到嚇人的價格買到奶粉。每天早上沖七瓶奶。

羊群被雅各圈養在紅磚房附近的淡江中學，每天早上理蓮得提著奶瓶小跑步過馬路。不過很快地，就養在自家後院了，雅各還特地為山羊們蓋了可以避雨的小屋子。

「七隻羊，你最好得有七隻手，牠們非常沒有耐心。」她這麼說。

連萬福都被找來幫忙。他老實地幹了一連兩個早上，便把奶瓶給交了出來。「我整天都要一直洗手，媽媽，這味道根本洗不掉。」萬福這麼叨念。

結果工作又回到理蓮身上。除了這七隻小山羊外，她還養大了不知道多少隻羊。羊長大後，一對一對的被送到有需要的地區去。羊奶在那兵荒馬亂的時代，不知拯救了多少生命。

「我想，樂山園*也該有一對羊。」某一天，戴仁壽醫師也這麼說了。

「你要怎麼把羊給帶過去呢？」理蓮問得很實際。

「搭計程車好了。」他的語氣輕鬆得很，然後直接走上街，招來一輛計程車，請司機開到孫牧師宅外面。車子停妥後，戴醫師故作輕鬆地說：「你不會介意我帶兩隻羊上車，對吧？」

「多大的羊啊？」司機問道。

戴仁壽聳聳肩，含糊地比了一下：「喔，就差不多這麼大。」

計程車司機不吭聲了。

戴醫師趕來兩隻羊，把一隻推進車子後座，接著自己再爬進後座，又把另一隻羊給拉了進來。理蓮在一旁幫忙調整位子，然後用力關上車門，這輛載著一位醫生和兩隻羊的計程車就這樣出發了。

理蓮愉快地揮揮手，有三張臉從後車窗探出來。下一次再見到戴醫師時，理蓮這麼告訴他：「我就知道只有你會跟我揮手說再見呢！」

遠方的聲音

雖然淡水和台北的宣教士宿舍只相隔十五英里，但是戰況加劇，雙方溝通越來越困難，有個謠言在淡水的宣教士們之間傳開：聽說台北所有的宣教士都被殺了。

同一時間，有位宣教士的太太剛好去中國上海宣教，發現儘管正在與日本打仗，她的加元（加拿大貨幣）竟然還能兌換到很不錯的匯率，也看不到資源短缺的跡象。她的描述和傳聞中的狀況根本不同嘛！

什麼消息都有，戰爭到底進行得如何？令人焦慮。

問題是，日本人對福爾摩沙進行了全面而縝密的監控。空襲或演習之際，連關上百葉窗和窗簾後都不准點蠟燭或用手電筒。每次警報響起，屋子就漆黑一片。孫牧師宅的男寶寶會嚇得大哭，理蓮還得摸黑上樓，替寶寶換尿布。

報紙和收音機廣播也受到嚴格的審查，日文電台之外的節目一律被禁止，踩到紅線會遭到重罰。怎麼能得知外界的消息？

＊「樂山園」是戴仁壽醫師於一九三四年在淡水八里設立的漢生病療養院，強調「自治」和「自養」；與孫理蓮在一九四八年進入幫忙的「樂生療養院」有很大的不同。

有一晚，等孩子們都睡著，雅各也上樓去。理蓮在一樓照例進行睡前的巡視：大門是否上鎖了？電燈都關了嗎？還有最後一點餘光，她的視線停留在客廳窗邊的收音機上。

誰知道屋子裡會不會響起陌生的腳步聲或突然被一隻手扣住喉嚨？但好奇勝過一切。理蓮緊緊抵住牆壁，慢慢蹲下身子，脫掉睡袍把整個人給蓋住，再爬到收音機旁邊，用睡袍蓋住收音機，才小心翼翼地打開收音機。太久沒用了，收音機過了好一會兒，才響起輕微的雜訊聲。沒想到選台鈕竟然還可以轉動，她跳過本地電台，轉到被禁止的區域，突然聽到說英文的女聲。她手指停了下來。

「日本人自誇說，會戰到我們下跪求饒為止。也許他們真的那樣想，但我們會持續奮戰到底！」是來自南京的宋美齡女士，正在美國國會演講。

聽完演講，關掉收音機，確定真空管的閃光熄滅了，理蓮才把睡袍掛在手上，悄聲上樓。正要躺下來之際，雅各沙啞的聲音傳來：「妳找到妳想要的答案了嗎？」

「找到了！」回答的聲調中有一絲無法掩飾的輕鬆。她大抵可以預料，勝敗已定。

映著日光的刺刀

有一天早上，英國領事館再度傳來緊急訊息：「飛機正往台灣而來，請做好被轟炸的準備！」

要怎樣做好準備呢？「要禱告？還是到地下室躲起來？還是有其他辦法？」何況她還要幫

忙照顧別的宣教士委託的三個孩子呢！而且天氣這麼好，怎能把孩子留在屋子裡呢？她決定讓八歲的萬福和另一個大男孩出去玩。「如果聽到警報或是飛機的聲音，就趕快回來……還有，不要跑太遠。」

年紀小一點的孩子，理蓮則帶到屋子外的沙坑玩，她在一旁讀著手中的雜誌。突然間，身後傳來軍靴踏在地面的「叩叩」聲音。她屏住氣息，勉強自己保持鎮定，繼續注視著手中上下拿顛倒的雜誌。她眼睛的餘光看到特務低下頭，注視用沙堆房子的孩子，刺刀因日光照射而顯得刺眼，特務還刻意把刺刀挪開了一些。

不知過了多久，特務終於離開了。

再晚一些，等到兩個大孩子滿身大汗地回來，他們說：「好好玩啊！幾個士兵讓我們玩他們的槍耶！」

那天以為會來轟炸的飛機，並沒有飛來。

11 最後的選擇

長老教會決定讓孫家從淡水搬到台北去，和其他宣教士們在一起，比較容易互相照應。這也是撤台的準備。

「我們必須銷毀掉宣教的紀錄。」某天雅各這麼說。

「我們又不是外國使節。」理蓮吃驚極了。小說裡不是只有大使館才會燒掉文件嗎？

雅各搖搖頭。「日本人想知道資金的流向，如果資料落入日本人手裡，可能會給教會帶來麻煩。政府官員可能會問：錢花到哪裡去了？為何要這樣花？我們離開後，他們知道的越少，本地人的麻煩也會跟著少。」

「離開？」福爾摩沙嗎？理蓮不可置信地問：「不是真的吧？」

「不是現在，」雅各向她保證，「但有一天會。也許比我們想像的來得早。」

要燒毀紀錄，免不了要用到壁爐，但那時正是盛夏，亞熱帶的福爾摩沙，誰會在大熱天用壁爐呢？這很難不引人懷疑吧！

理蓮找出與款項相關的文件，用力捏成一團，再放進壁爐裡點火，唯恐煙囪冒出的煙會引起懷疑，得燒一陣子、停一陣子，然後第一時間把灰燼掃乾淨，以免被隨時出沒的特務發現。

離別拍賣會

一九四〇年十月，搬到宣教士宿舍區的一家人，都聚集在客廳聽著小羅斯福總統的演說。演說到一半時，雅各突然說：「就這麼辦！我們要啟程了！」

「總統呼籲身處亞洲的美國人都回到美國。我們要回家了！」萬福也高興得在藍色地毯上直打滾。

「妳和我有權利冒險，但是無權讓孩子們也跟著冒生命的危險，還有可能被抓到俘虜營去。」雅各皺著眉頭把話說清楚。

一片歡呼聲中，理蓮冷靜地發了越洋電報給旅行社，希望能安排四個人的行程。那封電報沒能成功發出去。理蓮腦筋一轉，代理售票的人一定不會推掉賺錢的機會吧！她乾脆訂了日本最豪華的遊輪頭等艙，準備橫跨太平洋。

這下果然成功了。

離開的日子越來越近。「難道把門鎖上，調頭就走嗎？」理蓮問。

「不能這樣做，我們還得把東西先賣掉。」雅各的回答一貫地務實。

「賣掉？」理蓮大吃一驚，環視傢俱窗簾。「誰會買我們的垃圾？」

沒想到，等拍賣會舉行的那天，「每個人都來了。雅各給每樣東西標價，讓大家自由選購，出門時再結帳。」大家都對「外國人」家裡的東西感興趣，也希望用更便宜的價錢買到。很快地，所有東西，連瑪莉安的玩具都賣光了。理蓮當天身上穿的襪子和洋裝，都還有人趁機摸摸質料，問道：「打不打算也賣了呢？」

當然並不是人人都照規矩結帳。有個人把一條男用褲子拎了就走，理蓮追上去；不料混亂當下，另一個人又拿走了外套，結果整套西裝都給偷了！

「真是荒謬的一天啊！我從沒夢想過會有這麼多錢。」理蓮笑說：「我們要搭頭等艙回家了。」回家的行李其實很簡單：理蓮把詩集、剪貼本，以及她寫的家書整理了一下。

美國領事夫人特別為了要撤離的同胞，舉辦「撤離派對」。

「為什麼離開時要開個派對呢？」日本特務滿腹狐疑地問了孫家的廚子：「為什麼他們這麼快樂？」

「這些宣教士一定帶走了機密情報，正在慶祝著任務成功吧！」特務喃喃自語說。

火車站的歌聲

第二天早上，十月二十四日，孫家人坐著一輛人力車前往台北車站，再搭火車前往基隆。儘管已經事先說好不要到火車站來送行，免得被警察找麻煩，然而就在火車離站，孫家人從車窗裡伸手揮舞道別時，突然有許多聲音同時響起，用台語唱著〈上帝在照顧你〉這首詩歌。基督徒們都來了！

在一片熱淚盈眶中，在基隆港等待的那艘船突然映入眼簾——多麼像當年讓理蓮暈得一塌糊塗的小船啊！雅各說的對，他們被船載到了應該要去的地方。

連那些夜以繼日監視他們的特務們，都趕來禮貌性地送別，順便再檢查一下行李：這家人和全台教會有聯繫，不到最後關頭，不能隨便放棄蒐查。

「我們很抱歉必須這樣做，我們希望你們會回來。」特務檢查行李之際，特務隊長把雅各叫到一旁這麼說道。

「莎喲娜拉。」雅各伸出手。

老阿清特別到基隆碼頭來送行，一直揮手直到看不見為止。六年後返台的孫家人，再也沒能見到老阿清一面，卻記得她遙遙揮手的身影。

12 八幡丸號驚魂記

顛簸的小船行駛了三天才到達神戶。在那裡等著他們的，是要載著他們前往美國、富麗堂皇的八幡丸號。

行李轉運時，理蓮說：「還有一些日幣。反正以後也用不到了，乾脆現在都花掉。」便自己帶著孩子去購物，讓雅各留下來看著行李。

但她很快又回來了。「我們去一間商店買紀念品，付錢之後，有個人看看周圍沒人，就靠過頭來低聲說：『我們很難過你們要離開了。』」她的神情凝重起來，「這讓我心裡的刺都化了。」

登船風波

不料，兩人才剛進頭等艙房，情況驟然翻轉。

一小隊警察闖了過來。「我們奉命要把行李搬下船。」然後轉頭看著雅各說：「你也要跟著一起來。」

大型行李箱被碼頭工人搬出來，跟著行李堆放在船塢上，警察連肥皂都切開來看。

雅各被押送走下登船跳板。理蓮和孩子們只能衝到甲板上，遙遙緊盯著。這是日本人常玩的把戲。許多外國人都在船要離開港口時「被消失」。岸上的朋友因為親眼看到人登船，認為已經順利出發了；而在目的地等著迎接的朋友，要等到好幾天或好幾週後，才會發現人根本沒上船。

船就要開了。汽笛聲一次又一次催促著。警察還是慢條斯理地搜索著。能怎麼辦？雅各試著轉過頭來高舉雙手，給理蓮加油打氣。

「主啊，千萬不要讓他們收起登船跳板啊！」禱告是唯一能做的事。

等八幡丸號跳板的鐵鍊開始拉緊、板子緩緩上升之際，雅各這邊，警察照舊低頭翻著理蓮的詩集，上面有她的眉批。這本詩集被丟到雅各手裡。

「翻譯成日文，解釋給我聽。」

他結結巴巴地翻譯著，一邊偷瞄船的動靜，心臟真要跳出來了。

這位警官略懂詩詞，也如同大多數日本人一樣，對詩詞文學有著莫名的好感。

突然間，警官下達了命令，所有東西被裝回行李箱裡。行李綁在一塊兒，從海面上拋進船側開口。

孫理蓮於八幡丸號上焦急地等待孫雅各。

雅各被護送到船邊下垂的繩梯邊，牛仔的體魄發揮了效用，一個翻身就直接攀上了船。

理蓮衝進他的懷裡，忍不住流下眼淚。雅各拍著她的肩膀，「妳不認為我可以回來，對不對？」他說：「好吧，老實說，我也覺得不可能。」

「上帝安排（Siong-te an-pai ho-se）！」理蓮平靜地用台語說：「我一直禱告，上主也真的眷顧我們。」

日頭的位置

八幡丸號在往檀香山的路上會先往北走，到橫濱做短暫的停留。萬福醒來，從舷窗遠眺，便是終年白頭的富士山。十歲的他，文思泉湧，寫下這段文句：「太陽才剛升起，一片雲正好散開，露出了被雪覆蓋的富士山頂，珍珠色般的雪上有漂亮的花紋。才一下子，雲霧就再度把它遮了起來。」

美國領事曾經告誡：「美國與日本的戰爭可能於你們在海上的時候爆發。由於在海上，你們不會收到通知，船會直接掉頭。」所以他們每天起床的第一件事，是快速地跑到甲板，去查看太陽的方位。看到太陽位於船頭，就鬆一口氣道：「還沒開戰。」

理蓮的噩夢卻仍未結束。到達橫濱港時，她眼見一位韓裔的美籍宣教士被帶下船，連通知美國大使都來不及。她也聽聞有一位瑞士官員，原本要經由日本到福爾摩沙處理一些英國使館的事，卻被發現死在船艙裡，到處都是血跡，日本人卻硬是宣稱他是自殺的。種種事端讓孫家人不敢讓雅各獨處，得隨時跟著。

大人們如此風聲鶴唳、草木皆兵，年幼的瑪莉安卻委實享受船上的旅程。日本工作人員由衷地疼愛孩子，對她及萬福極度親切、友善。在船上舉辦的壽喜燒聚會當中，船長把她抱在膝上；負責餐飲的服務人員會偷偷多給一些冰淇淋；她和萬福還被允許按樓層的按鈕，有一次萬福調皮地敲了召集旅客吃飯的鐘……

國與國之間的戰爭，對峙、較勁的結果，使人與人之間的溫情都消失、變質。但只要近距離的接觸，就知道溫暖仍在，人性一直都在。

特務的答案

如果神戶港是危險的高峰，八幡丸號則彷若海底潛礁，危險藏在不知不覺間——焉知誰是日本特務？準備何時下手？戰爭中要殺人根本不需任何理由。到十一月底的某個清晨，他們收到雅各哥哥山姆傳來的電報：「在檀香山停留一個月吧！」山姆是美國陸軍上尉，在珍珠港服役，這封電報直如早到的春燕般令人心神振奮。無所不在的恐懼似乎可以畫下句點。

檀香山港口終於到了。整個港口都是美軍軍艦，雅各突然拍拍走在前面的理蓮，說道：「今天是感恩節。」

理蓮霎時熱淚盈眶，感到一陣腿軟。四年半的危難終於有了盡頭，再次踏上美國國土，他們安全了。

跳板才放好，一大群記者和攝影師就衝向船隻。難道有什麼大人物同船，他們竟不知道？沒想到，原來是雅各的哥哥山姆通知新聞界前來。隔天，報紙登了孫家一家四口沒精打采的照片，並加了一個聳動但誤導的標題：「最後撤退的人們！」

而四名從頭到尾盯著他們卻不知如何出手的日本特務，也目瞪口呆、懊惱極了。他們的懷疑原來都是真的——這些宣教士實在不是簡單的人物！

第三部

前進圭亞那

孫理蓮與南洋群島的孩童合影，她的笑容極具感染力。

13 短暫回鄉

雅各和理蓮在檀香山只待了一個星期，十二月就準備回到家鄉聖保羅市。離家越近，想家的情緒越熾。赫然發現原來先前在亞洲宣教的日子，不是不想家，而是出於理智，把想家的心深埋不去正視。

火車一路蜿蜒前進，萬福和瑪莉安看到有東西不斷地往下灑，輕輕又軟軟的，這是什麼東西呢？是傳說中的「雪」嗎？不是應該像球一樣大嗎？怎麼這麼一小撮呢？火車上的服務人員第一次看到有美國孩子對雪這麼驚訝好奇，火車停靠時，特別讓他們下車去摸摸抓抓，體驗雪的感覺。

滑雪的滋味

抵達聖保羅市時已近午夜。接近聖誕節了，氣溫極低，來自亞熱帶福爾摩沙的萬福及瑪莉安猶然穿著夏衣，冷到發抖，引來路人側目打量，若是放在今日，可能有虐童之嫌。

理蓮趕緊帶著他們住進一間旅館，第二天即出發回家團聚。後來，那個久違的聖誕節是在芝加哥度過。理蓮帶著孩子上街，眼饞地看著人家的聖誕裝飾，轉過頭對雅各說道：「如果我們沒有去宣教，會不會想要一間這樣的房子呢？」語氣中充滿了渴望，彷彿又是昔時那個用樹枝來幫衣夾娃娃進行隔間的小女孩。

聖誕節之後，他們回到多倫多的宣教總會述職，這段時間他們所住的密密可（Mimico）的公寓，日後被瑪莉安稱讚為「我們住過最好的地方之一」。

這裡緊臨著安大略湖。冬日裡湖水結成厚厚的冰層，他們在冰上小心翼翼地行走。雅各帶著孩子們去滑雪，四十歲了，他終於學會滑雪；萬福則溜冰溜得很好；至於瑪莉安，不管滑雪或溜冰都「嫩咖」得很。

孩子們也終於第一次進入學校教室，接受了正規教育。兩人迅速克服了初期的拘謹，交到好朋友。趁著學校放假，他們去造訪加拿大東部濱海諸省的教會。在理蓮的建議下，瑪莉安穿起日本和服，去跟主日學的小朋友交流。

「有沒有很像編織用的針？」瑪莉安拿起筷子展示著。咦？最前排的牧師怎麼從頭到尾仰著頭，臉上又蓋著一條手帕呢？後來理蓮才向瑪莉安解釋，他是因為笑得太厲害，才不得不把臉遮住。

下一個目的地

宣教總會忙不迭地詢問孫家未來的計劃，固然回到福爾摩沙是最主要的方向，但未能回去之前呢？不到一週，「英屬圭亞那」的地名，被提了出來。此宣教區的備註是：一個讓宣教士心灰意冷的地方。

由於是英國的殖民地，英語是通用語言，溝通相對方便；而一般來說，美國牧師又要比當地人接受更多一些的教育，這是客觀上的優勢。雅各這麼下了結論：「我現在也沒有太多資訊。」但：「我們有很多事要做。」顯然他的意向十分清楚。

倒是理蓮顯示出少見的猶豫。「可以給我一點時間把世界另一頭的事情忘掉嗎？」是啊，福爾摩沙點滴在心頭，他們可是在那裡渡過了足足十五年的光陰呢！

幾天之後，她主動詢問了：「你說的英屬圭亞那在哪裡啊？」

攤開世界地圖，遠在距離赤道只有四百英里的地方。位於南美洲大陸北邊的地區，西鄰委內瑞拉（Venezuela），東鄰蘇利南（Suriname）。

那裡，除了沿海地區的城市之外，幾乎都是叢林地。

「沒有自給自足的教會，沒有受過訓練的牧師，沒有衛生和健康部門，還曾經有宣教士死在那裡。」雅各說。

「但是，你想去，對不對？」

「我全身都想去。」他直言不諱。「理事會說：『如果我們不去，他們就要結束那個教區。』」

「那我們別無選擇，對吧？」

14 航向未知之地

前往英屬圭亞那，同行的宣教士有約翰・艾德爾（John Elder），以及孫家在福爾摩沙的宣教舊識：杜道理姑娘（Miss Dorothy Dougls）、偕叡廉牧師（Rev. George William Mackay）夫婦＊。一九四一年，孫家四口正式啟程。

有舊識及工作伙伴同行，固然消減了前往陌生地宣教的擔憂，問題是：是否還要像先前一樣持續在家教育孩子，並擔任民宿主人的太太呢？何時她能投入宣教工作當中，不再只是做個旁觀者呢？理蓮心裡的某個角落不住翻騰叩問著。

當時加拿大協同英國正和德國作戰，輪船必須趁著深夜偷偷在薄霧中溜出海港，以免被潛水艇發現。因而在美國的波士頓港，雅各和理蓮靜悄悄地帶著萬福和瑪莉安登船出發。

第一站固定會在百慕達停留。

雅各帶著家人與同行的艾德爾一家，前去拜訪百慕達聖公會的牧師。短暫的停留中，孩子們和牧師的女兒玩了起來，當時萬福只有十歲，四十年之後他這麼回憶著：「我跟凱文・艾德

＊杜道理之前於淡水協助女學堂及婦學堂，戰後返台，於淡江中學服務到一九六五年；偕叡廉牧師夫婦創辦了淡江中學。

爾（Kevin Elder）都說：『我長大後要回來娶她！』」這個「她」便是牧師的女兒，和瑪莉安都是九歲。結果萬福的夢想並沒有實現，不過「凱文趕在我前頭了！他在加拿大找到她，也真的把她娶回家！」

宣教士與厄運

輪船才離開百慕達，全家人還站在甲板上遙望越來越遠的島嶼，事情就發生了。

「我聽到飛機的聲音，就在那邊。」萬福說。

飛機放低高度，繞過船首。

「是美國飛機。」雅各先看出來。

一位船員急忙地跑到船橋去。

「發生什麼事情嗎？」乘客紛紛詢問。

憂心忡忡的船員根本沒聽見。

大伙兒才要回艙房，船身突然大幅傾斜。

「我們在轉彎！」萬福大喊。

雅各看看太陽，「我們剛轉向西邊，回到美國海岸。」然後船又向另一邊傾斜，開始以Z字型迂迴前進。

等孩子們上床了，雅各特地繞到甲板一趟，回來後說道：「下午的飛機特別過來警告，說附近有德軍。」他忍不住預測：「今晚所有船員一定都睡不著。」

第二天，一位船員這麼打趣：「孫太太，妳知道嗎？海上有個迷信，就是載了宣教士會招來厄運。」

「我跟他說，如果我們沒上船，他們會有更壞的厄運。」在跟雅各複述這段話時，理蓮忍不住笑起來。

不料這竟被理蓮說中了，等孫家人在英屬圭亞那下船之後，輪船掉頭前往加勒比海，就在那裡出事沉沒。

15 圭亞那的天空

英屬圭亞那，他們的新宣教地區，居民多數集中在沿海的長條地帶，共有四條水路通往內部蠻荒地區。低於海平面的地方太多了，連城市都建有防波堤，以至於當地流傳著一個陰森的諺語：「不管你把你所愛的人葬在哪裡，大海都會來帶走他們。」

大部分的房子都架在柱子上，一方面可以吹到海風，一方面也免於被海水侵入。其他如寬廣而扁平的葉子、高聳而搖曳的椰子樹和炎熱的氣候等，令人彷彿置身福爾摩沙，卻獨獨少了無所不在的高聳山巒。

有一些英國人，屬於統治階級，他們大多為農場主人，像貴族般住在豪宅裡，雇用「本地」的僕役，經常進行「狂飲派對」（雞尾酒社交）。少數中國人，擔任店東及老闆，經商在行。

人口最多的是印度人，纏著頭巾、身上穿著色彩鮮豔的紗麗（Sari），並配戴金銀珠寶，種族特色極濃。至於非洲人則是第二大族群，愛笑、愛音樂，喜歡輕鬆地過日子，也把非洲的巫毒信仰帶了過來。

因受到英國殖民，殖民母國與被殖民者之間，不時劍拔弩張。曾經有個農場主人的小女兒被綁架了，贖金還沒有準備好，那位白人就發現女兒的眼睛被釘在自家的餐桌下面。

在宗教上，以伊斯蘭教和印度教為大宗，也經常發生衝突。

處處是叢林

新阿姆斯特丹（Nieuw Amsterdam）是僅次首都喬治城的第二大城，也是孫家落腳的地方。交通很不方便，這點從他們光是搬到新阿姆斯特丹就花了七個小時，即可想見。一開始他們搭的是慢車，一隻追著蝴蝶跑的狗竟然跑得比火車還快，萬福看到簡直不敢置信。

在南美洲圭亞那時期，孫理蓮一家所住的高腳屋。

新家位於加拿大長老教會的住宅區裡，雅各照例一放下行李，就把「孫牧師宅」丟給理蓮打理，自己轉過頭就去忙他的工作了。他得負責教會領袖訓練，以期教會能夠自立，教育部長還指定雅各要監督伯比斯高中。伯比斯高中就在牧師館旁邊，萬福和瑪莉安可以就近註冊入學，接受正規教育。

瑪莉安這麼形容自己記憶中的「圭亞那孫牧師宅」：高高地架在四根細細的柱上，只要有人在裡面跑，屋子就跟著搖晃起來。熱帶陽光豐沛直射而下，孩子們總淘氣地把蓋住窗戶的遮板一個個打開，像在跟陽光捉迷藏。

房子後面，還有一個架在柱子上的大水槽，每天的豪雨直灌下來，水槽一下子裝得滿滿地，便足夠一家人一天使用。

有一回理蓮叨念著：明年夏天要來種一些花，結果幫傭很不解地問：「夏天是什麼？」才發現在圭亞那，每天都是夏天。

無孔不入的生命力

抵達新牧師館的第一天晚上，理蓮就驚聲尖叫——藤椅前面有一條九吋長的蜈蚣！被切成兩段後，還在繼續蠕動，像是在說：歡迎來到叢林！

無孔不入的生命力，隨時與孫家人共舞。晚上必須睡在蚊帳裡，以免得到瘧疾。但很快地，理蓮與瑪莉安都染上了，使得她們每六個月會有大約八天時間，間歇性地發冷或發熱。奎寧相當具有療效，但也會導致暫時性的耳聾。她們都曾經親身經歷。

白天還好，晚間禮拜時，講台上方的日光燈常引來大約一吋長的黑色硬殼甲蟲到處亂飛，爬上詩歌本還有地板。人們卻視若無睹，眼睛連眨也不眨。

有一天，貓鼬闖進家裡，眾人到處尋找，整個屋子都快翻過來了，卻仍然遍尋不著。最後牠出現在雅各書桌底層的抽屜裡。

叢林裡還有美洲豹潛行。有一個人聽說美洲豹進到屋子裡，很想抓，一衝進去，太緊張的結果，是直接一頭撞在牆上！

至於食蟻獸，則「跟我們人一樣大。」人們這麼告訴瑪莉安。牠們偶爾會跟美洲豹打起來，甚至有時候還會贏。

第一年夏天在「六三海灘」*時，孫家人彷若置身科幻電影裡，與四、五呎長的巨大蜥蜴對峙；浪裡還躲藏著沙蚤跟沙蠅，會穿過蚊帳來叮咬人們。

有一陣子理蓮怎麼也不解，晚上去教會的路上，路邊怎麼總是閃閃發光的？有一次瑪莉安同行，好奇開口問了計程車司機怎麼回事，「那些是鱷魚的眼睛。」他這樣回答。

緊接著，計程車緊急剎車了好幾下，卻仍然無法避免地撞到了隆起來的東西。「晚上的時候，鱷魚都會從河裡爬出來躺在路上。」司機解釋著。圭亞那的計程車都老舊得很，一旦拋錨可該怎麼辦呀？路上都是鱷魚呢！腳怎麼踩下去呀？

理蓮跳著脫衣舞！

擺脫繁忙的工作，雅各與理蓮偶爾會與宣教士好友們出遊。在前往凱厄圖爾瀑布（Kaieteur Falls）時，在峽谷裡面不小心和導遊走散了，找不到路，天也開始下起雨。好不容易找到一個可以棲身的山洞後，一位對當地較為熟悉的宣教士派特（Pat Magalee）低聲而急促地說道：「我

---

*按英屬圭亞那的習慣，若想不到要取什麼名字，則用數字作為城鎮或地區的名字。

要你們用最快的速度『慢慢地』走出去！」原來山洞裡有一條南美第二毒的蛇，就在他們休息的地方附近！

「在那之後，我們都覺得淋點雨也沒有什麼不好！」理蓮這麼回想。

走出洞穴之後，理蓮的鞋子卡在岩石縫中，怎麼都拔不出來，只好一路光著腳走路。到處都是石頭、樹枝，攀爬下來的結果，是她的衣服被扯破了，只好一件一件脫下來丟掉——好在她有先見之明，穿了一件黑色泳衣在裡面。

為了讓大家提起精神，這一群人唱著自己編的歌。其中有一首是「理蓮跳著脫衣舞」！

隔天，導遊終於找到他們，並順利地帶大家走出叢林。

16 開始新生活

由於雅各負責的教區並沒有被按立的牧師，他一個人要主持所有的婚禮、洗禮、喪禮，還有領聖餐。往往一個禮拜日下來，有四到五個聚會。

雅各如此繁忙，加上好客、四海的個性，使得「孫牧師宅」如在福爾摩沙時一般，密集地接待訪客。訪客往往同時從後門、書房、前門進來，偏偏還有電話響起，得趕緊小跑步過去接起來。瑪莉安記得一位經常出現的東印度傳道人，老是用一塊白布纏住下半身，留著長鬍和飄逸長髮。

還有不斷來要錢的人。「我女兒的床都沒有床單！」心軟的雅各摸摸口袋，盡量想辦法給他點錢。

「他的女兒都戴金耳環和手鐲。如果想要，他買得起！」理蓮不高興地抗議。

除了「經營」孫牧師宅，伯比斯高中花了他大部分時間與精力。

「你為什麼會去費心管一所高中呢？」

「教會高中是培養未來牧師的搖籃。」雅各這麼回答。後來，圭亞那的第一所神學院，果真就在雅各手中創立。

多角化經營

學校需要資金，錢總是不夠。為了籌措學校資金，雅各先是進口了木材和顏料，製成衣帽架、搖椅等各式木製品。牧師宅充當臨時工廠。

有一天理蓮接到電話通知：「義大利蜂后已經到了。運費是十八分錢。」就從那一天起，雅各決定進軍養蜂事業！

「在福爾摩沙我們養過羊，應該也能養蜜蜂吧！」理蓮對雅各是一貫的順服仰慕，結果牧師館裡有段時間一直有蜜蜂飛繞著。雅各也曾經手上戴著手套，臉上有網罩，全副武裝地取蜂蜜。對從小與南達科他州的野馬相處的雅各來說，蜜蜂溫馴可愛多了，簡直不算回事。

他們會先把蜂蜜放在燒木柴的爐子上消毒，再倒進瓶子裡。販售的利潤都給學校，瓶上標註著「伯比斯高中養殖蜜蜂所產純蜂蜜」。

媽媽當家教

當雅各忙著教育工作之際，萬福與瑪莉安也進入伯比斯高中就讀。

萬福還好，問題是瑪莉安本來讀的是三年級，而且才讀完一半，突然間就要進入高中，還要學拉丁文、法文、代數和幾何，連英文的文法也很難。理蓮決定自己幫孩子們「補習」。

理蓮從美國找來課本，臨場發揮創意進行教學，提供孩子們往後需要的科目內容。其次，她也希望帶出孩子們對文學和音樂的喜愛。「但是一開始，你得讀好詩給他們聽，這樣他們才知道如何作詩。」這麼說的她，特意在糖罐、麵粉罐和其他食材的罐子瓶蓋上都貼上詩句，好讓自己在揉麵包、烤蛋糕或烹煮食物時，精神也同時得到滋潤。

在孫理蓮（前排右一）的培養下，萬福（左一）擁有極高的文學造詣。

也因此，萬福背了很多濟慈（John Keats, 1795-1821）和雪萊（Percy Bysshe Shelley, 1792-1822）＊的作品。梅士菲爾（John Mansfield）寫的〈海之戀〉（Sea Fever）令孩子們聯想到自己彷彿漂蕩在船上，他們也津津有味地讀著〈死亡情劫〉（The Highway Man）和〈我的前公爵夫人〉（My Last Duchess）等。引用優美的詩句成為孩子們創作思考的一部分。

她要求孩子們每週寫一首詩。到了高中時，萬福的文學造詣被老師們讚許為：「已有大學生的程度。」

為了替孩子們「補習」，在圭亞那的叢林，理蓮做了少有的奢侈之事——每次要花五十元美

＊兩位均為英國著名的浪漫派詩人。

金來買所需要的故事書、勵志書籍、名人傳記、古典文學。萬福常一口氣讀上三本書。

每當有書從美國寄來時，孩子們都非常興奮：「就連包裹裡面都聞起來像美國！」不只有全套的百科全書，還有《鮑勃西雙胞胎》（*Bobbsey Twins*），萬福特別喜歡自己訂購的《男孩的生活》（*Boy's Life*）。

雅各最不容許的事，一是浪費，二是欠錢。於是理蓮請美國書店把帳單寄給二姊艾美。「雅各，我們欠艾美五十元。」忙得暈頭轉向的雅各，也搞不清楚怎麼欠的，立刻就還清了。

循琴聲的腳步

理蓮小時候學過風琴和鋼琴。「我可以彈奏〈少女的祈禱〉，之後我離家讀大學，就沒有機會彈琴了。」為了戶外集會，她買了一架移動式的風琴，特別練了三、四首曲子，成為「指定曲」。有一次，一位長者點了首不在指定名單上的歌曲，一位熟識的宣教士偷偷移到理蓮身邊悄聲問她：「妳會彈嗎？」

「升四個半音！我先試試看。」

但無論如何，鋼琴並不是風琴所能取代的，而且理蓮希望萬福和瑪莉安可以精通，但是在圭亞那，即使負擔得起鋼琴老師的費用，也根本買不到鋼琴，更不可能從美國運過來。

但是不對呀，似乎在哪裡聽過鋼琴的聲音？理蓮想起來，立刻循著印象前往。不巧鋼琴的女主人搬走了，理蓮沒找到人。

沒關係，即便沒有人知道搬到哪裡，多試幾次總沒錯。理蓮騎著腳踏車，一路問：「你曾在附近聽到過鋼琴聲嗎？」問了數十次之後，最後線索指向一間房屋。開門的女士滿臉困惑。

「很抱歉打擾妳，請問妳有鋼琴嗎？」

「有，但是……」

「我知道鋼琴很稀有，不是請妳把琴賣給我，但是是否願意租給我？我來支付運到我家和歸還的費用。」買賣成交了。

萬福比瑪莉安更熱切地學鋼琴，但是也很快就失去興趣。「我們該怎麼辦？」理蓮問雅各：「他連老師要求的每天半小時練習都不願意，應該減少練習嗎？」

「他不練習是因為還沒有能夠享受彈琴，要享受的方法，是先放慢速度，同時加強督促。我們不可以減少練習，把練習延長到每天一小時。」雅各以教育專家的角度這麼分析。

雅各是對的。萬福很快就不是應要求而彈琴，而是因為享受而彈琴。

17 在教會小試水溫

雅各太忙了，有一些授課的機會就由理蓮「接手」。她曾經被安排去教雅各的神學生。課程剛好被排在午餐之後，於是她在火爐上煮了又香又濃的咖啡。「每個走進教室的學生都可以喝上一杯，我可不希望教課的時候看到有人打盹。」路德教派的宣教士派特也邀約她。「我們不請孫雅各先生教課，因為他接受的是長老教會的教義；孫理蓮女士沒受過系統化的教育，她只知道聖經！」這點她完全認同。她還答應兩個孩子可以一起前往呢！並給他們額外的驚喜：「你們可以邀請兩位朋友跟去一整個星期喔！」

於是，連同孩子與孩子的朋友，五人登上了蒸汽船。

「這是新船嗎？」萬福皺著眉頭問，一面用手指劃過斑駁的油漆。

「這艘船曾在非洲開了二十五年，被淘汰後才來這裡。但是對這裡來說，的確是新的。」其實理蓮再沒有看過比這艘更舊的船了。

駕駛員拉拉繩子，鈴鐺響了。蒸汽船緩緩駛入河道中央，兩岸叢林迅速映入眼簾。第二天一早換乘獨木舟，整艘船是把樹幹挖空做成的。

到達路德教會的宿舍時，他們被安頓在距離廣場六呎遠的茅草屋裡。房子按圭亞那的慣例，蓋在柱子上面，離地面有六呎高。門，是一個洞；窗戶，則是另一個在牆上挖出的洞。

有天早上，突然很多人盯著房子的下面看。

「發生什麼事了嗎？」

「我們認為有隻美洲豹殺了一隻雞，然後跑到你們房子下面。」他們這樣說。

蟒蛇奇遇

理蓮教聖經，讓孩子們自己玩。「這裡好熱，我們要去游泳。」萬福率先提議，其他三個孩子聚攏到萬福身邊，形成聯合陣線，一致保證絕對會平平安安的。

理蓮被這個提議嚇了一跳，有點不安地注視著邀約他們來的宣教士派特。

「嗯，」他點點頭，加強語氣地說：「他們絕對不許去河裡玩！河裡都是食人魚和電鰻。」不過：「宿舍後面有條小溪，那裡的食人魚比較少。如果他們一直潑水、玩鬧的話，魚比較不會接近，應該就沒有關係。」說完，便離開去籌備開會的事情。

理蓮搖了好一會兒頭，最後決定：「好吧！但是一定要用力潑水和大聲玩鬧喔！」孩子們一溜煙地跑了。

吃肉的食人魚、電鰻，還會有什麼？理蓮突然心裡一驚，怎麼會忘記蛇呢？當派特的太太莉莉特（Lillete）過來時，理蓮裝成不經意地問：「這附近有蛇嗎？」

「曾經有過一條比教堂還長的蛇。」她簡短回答，立刻又把焦點移到自己的問題上：「那麼，妳的查經班是針對資深的基督徒……」

什麼樣的蛇會比教堂還長？想到這裡，理蓮整個頭皮發麻，什麼都聽不進去。過了一會兒，她在散步時再次遇到派特。「派特，這附近有蛇嗎？莉莉特說曾經有條蛇跟教堂一樣長。」

「既然她都已經跟妳說了，我就把其他的也告訴妳吧！妳要坐下來嗎？」

「好的。」理蓮虛弱地回應，就近找了屋子的台階坐下。

派特開始說：「有一次我們到這裡來，我教區的一位印第安原住民跑來告訴我說：『牧師，有個孩子被嚇成啞巴了。他出門打獵，回來後就不會說話了。』我同意去看看。

「妳知道，這裡的十九歲男孩沒這麼容易就被嚇到。我跟他說：『告訴我，什麼東西嚇到你了？』

「『我告訴你，你也不會相信我的。』他這麼說。但我向他保證我會相信。然後他深深吸了一口氣，在我耳邊輕聲說：『我想我看到鬼了。你不會相信的，對吧？』」

男孩看到「鬼」的頭穿過叢林，本能地開了一槍，但同時間他也被嚇住了，整個人呆在那裡。

「我問他是在哪裡發生的，他說就在小溪上游一哩遠的地方，現在孩子們正在那邊玩。」

關於男孩看到鬼的事件，派特後來找了十二個壯丁同去，看到一條大蟒蛇的屍體。大約有三十六吋粗，頭比男人的頭還大。男孩那一槍射中了頭部，以至於蟒蛇臨死前拚命掙扎，把附近的灌木叢都壓扁了。

聽到這裡，理蓮再也坐不住。「我去把孩子們叫回來，他們已經在溪裡游太久了。」

那天傍晚，派特問她：「妳覺得茅草屋還可以嗎？住得舒服嗎？」

「哦，很好。」理蓮盡可能讓他安心些。

「還有一件事，請確定妳和孩子們都睡在蚊帳裡面喔！」派特補充說。

「蚊子不太會咬我們。」

「不是蚊子，是吸血蝙蝠。」

再次頭皮發麻。「我們一定會用蚊帳的！」理蓮保證。

那六天會期中，每一天理蓮都在路德宿舍區講授聖經，只希望孩子們玩得盡興又安全。

快樂婦女工作隊

那六天她全心投入地教課，問題是：她是不是稱職的聖經老師呢？這是上帝對她的呼召嗎？從路德教會宿舍區回到新阿姆斯特丹後，理蓮認真地進行了一番評估。她在歸納後發現：從打掃清潔、照護患者、帶領人們來敬拜上帝、感謝祂的仁慈等等……她的興趣在在跟「母親的職責」有關。也許可以多做一點婦女的服務工作？

她在教會裡小試水溫，立刻發現「此路不通」。

在英屬圭亞那，當地婦女白天都得在田裡做粗活，負荷已經太累太重，根本沒有多餘力氣來額外服務。因此教會裡婦女完全不用做任何事。「未來的二十年內也不會！」一位東印度裔男

孫理蓮在圭亞那組織「快樂婦女工作隊」，對其日後在台灣的救助工作打下基礎。

士更是如此聲明。

哪有這麼容易放棄！有一天，理蓮特別邀請一群東印度裔婦女來家裡。就像婦女之間的家常對話般，她說：「但凡女人在家裡做的事情，都應該到主的家裡來做。」像是維持整潔、照顧小孩、關心年輕人、安排社交活動……家裡有的，教會也有；家裡需要，教會同樣需要。

「主希望我們快樂地服務，我們應該自稱為『快樂婦女工作隊』。」英屬圭亞那的婦女沒有想到，繁瑣無趣的家務也可以如此被重新定義，她們需要的就是被肯定，理蓮的話正合胃口。算是有了不錯的第一步。

除了這件事之外，在第一次會議中，理蓮準備的組織章程就被採用。

「每次集會都要奉獻。」她說。

「如果你有十隻雞或十隻豬，在其中一隻的腳上綁上繩子，那隻是你為主飼養的。細心地餵養牠，等牠長大了，把牠賣掉，將收入奉獻給教會。」她這麼教導信徒，將收入的十分之一奉獻給教會。

她還帶頭在預先準備好的餐盤中，放一枚發亮的英國銀幣，再把盤子傳給下一位。每傳一位，錢幣就「叮叮噹噹」地敲擊盤子。可是等盤子傳回來時，有件事不對勁了，原來她放的英國銀幣不見了。於是下次會議時，奉獻用的「盤子」變成了在瓶蓋上切開一條縫的廣口瓶。

洗地板與革命

理蓮對地板乾淨的要求向來執著，越來越看不慣伯比斯禮拜堂的地板——快樂婦女工作隊的女士跟男士們沒兩樣：喜歡出主意，卻又光說不練。

數週後，理蓮盡量小心地措詞：「教會還是很髒，真的不乾淨。這樣有失體面，有誰自願來刷地板啊？」

現場一片安靜。

「很好，那我來刷吧！」

屏息片刻，大家輕鬆地笑了。開玩笑！哪有可能一個人去刷整個教堂的地板啊！

那天清晨，理蓮提著水桶和刷子，一早就準備出發去教會。

「妳真是個革命家。」雅各忍不住搖頭。

「我寧願當革命家，也不要骯髒的地板。」說完她便出門去了。

回家的時候，她原先整齊的頭髮歪到了一邊，並這麼告訴雅各：「刷洗是件非常虔誠的事，你得跪在地上才能用力刷。」

那次之後，婦女們乖乖地自動打掃，理蓮再也不用刷地板了。

很快地，快樂工作隊成立了三十個小組。自製自銷一些服裝，第一年就為教會淨賺了五百元美金。

月光下的拐杖

在英屬圭亞那這個地區，每座農場有三千到一萬位農民。從東印度來的勞工又以印度教徒和穆斯林為主。

每個星期天，理蓮到農場舉辦十到十二場戶外主日學，緊接著下午在醫院舉行聚會，晚上則在戶外有成人聚會。晚上的聚會由長老教會裡的印度裔長者負責，而理蓮講道。每星期她都得花上好幾個小時準備。

男性的印度教徒把這一切都看在眼裡，不知這些基督徒還要變出什麼把戲。

有一天，主日學在一個印度教徒房屋下面舉行，幾百位棕皮膚和大眼睛的小孩在現場跑來跑去，大聲嚷嚷著：「我們要變成基督徒囉！」印度教僧侶感覺大事不妙，告誡屋主，最好把這些主日學師生趕走。

理蓮得知後，只好向她的穆斯林司機求救：「你們（穆斯林）多過來幫忙吧，印度教徒要把我趕出去呢！」

焦慮加上擔憂，還有醞釀了好幾週的思考，她做出修改講道方向的決定。「一直只講述主的愛沒用，應該要宣講罪惡和審判的可怕才對。」別以為主會縱容惡行。

那個星期天特別躁熱，連高腳屋底下的陰涼處都悶熱得令人喘不過氣來。太陽下山後就會比較涼爽吧？理蓮分外期待晚上的到來。

當晚明月高懸，好風如水，會眾慢慢聚攏。

「有好多人拄著拐杖來呢！我不知道他們身體那麼虛弱。」理蓮轉過頭，喃喃向著工作伙伴這麼說道。

眼前一支支的拐杖讓她心酸。這些老人家需要比拐杖更多的東西，那就是主的手。站到講道台上，理蓮發現自己又改變講道方向了，再次講起主的愛。

「這不是我準備要講的呀！我為何還是講這些？」在滿心訝異之中，她不禁動容，再次經歷到主的存在。淚眼矇矓中，只見一位老者撫摸著粗拐杖，眼睛若有所思地望向黑暗之處。

聚會結束了，基督徒長者陪同理蓮去搭乘返回新阿姆斯特丹的計程車。

「印度教的祭司已經提高警覺了，妳看到那些拐杖了嗎？祭司們本來要來鬧事，就等妳說出什麼話來當作藉口。但妳沒有，妳談到主的愛，他們無法反對。」

回到彼略湖

待在英屬圭亞那期間，二次大戰影響範圍大幅擴張、局勢升溫。一九四一年十二月七日，日本攻擊珍珠港，雅各血脈賁張想去前線擔任軍牧，卻因超過四十歲只能憤憤作罷。

漸漸地，戰爭的影響越來越明顯。所有往返的商船都被擊沉了，整個英屬圭亞那將近一個月沒有麵粉供應，只得吃樹薯，連海外的信件都要被逐一審查。

在圭亞那的第三年，一封來自理蓮哥哥的信件寄到：「爸爸年紀大了，而且有心臟毛病，妳最好早點回家來看看他，以免來不及。」

信件內容是如此沉重，理蓮先帶著孩子回到彼略湖畔。三月，一通電話響起，帶來了母親莉莉因為肺炎住進醫院的消息。掛下電話後，理蓮站了起來，走到壁爐旁站著，臉頰濕濕的。那是瑪莉安唯一一次看見她哭。幾個月之後，父親約翰也去世了。

「我們在世界的另一端待得太久，離家太遠太遠，但是主都安排好了，讓我在他們離開的時候，可以隨侍他們床邊。」在雅各到達時，理蓮這麼告訴他。

第四部——再會福爾摩沙

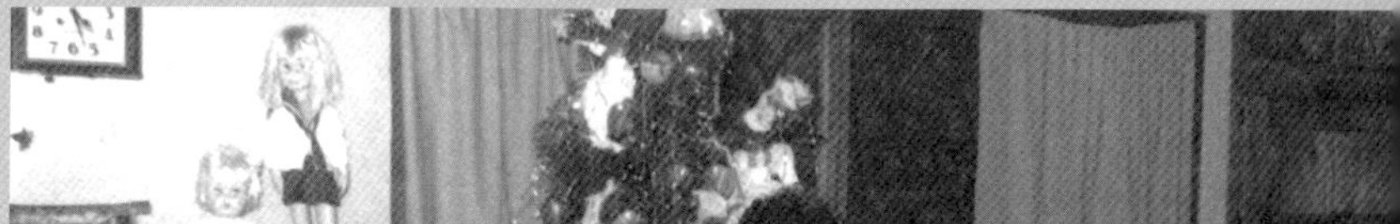

愛心育幼院的院童拿著聖誕禮物，開心地與孫理蓮合照。

18 回到台灣的家

一九四三年《開羅宣言》被簽下，福爾摩沙、澎湖群島歸還給中國。原來在台灣的日本軍隊、警察和居民，在美國船艦的協助下撤回日本。

雅各完成了圭亞那神學教育工作的交接，立刻受到加拿大長老教會差派成為特使，於一九四六年帶著「我已經旅行了五年，等不及要再次上路，恨不得趕快到達那裡」的心情，再度前來台灣。

在他剛回台的那兩個月，他宣慰了北部各教會，也處理各項緊急事情，還把被軍隊佔領的醫院及宣教士宿舍安排妥當，並向長老教會宣教總會提交了一份報告，撰寫他對台灣百姓在政權轉移之際的生活觀察：

島上居民並不享受這種又得再次調整自己習俗來適應外來者的日子。某些人確實被中國軍隊的落後嚇到了，日本軍人都是衣著整齊，而許多新來的人是頭戴草帽、腳穿拖鞋，從沒見過電燈或其他進步的日用品——對於福爾摩沙人來說，由於過去被文明高度發展的日本統治多年，早已將這些物品看作理所當然。

另外，中國政府指派的第一任台灣省行政長官陳儀，因其鐵腕統治，使過渡期的問題加劇。箭拔弩張的族群衝擊、惶惑不安的人心，亟需宗教信仰來安定。

回來前的準備

雅各忙不迭地寫信，長篇大論地告訴理蓮：「我想房子在妳到達前就會準備好，醫院也一定會歸還。幾個月之內我就會回家，向教區理事會報告，然後我們一起回到台灣。」關於自己位於圭亞那的家，他則這麼說：「把東西收拾好，盡快訂好船票，妳可以去看看孩子，然後準備跟我到台灣。」

理蓮啞然失笑，做丈夫的都覺得打包行李跟搬家很容易，大概根本忘了他們在圭亞那可是住了五年之久，有很多東西要收拾呢！

要再度前往台灣，首先要處理的是兩個孩子的教育問題。先把萬福送到伊利諾州的安姆赫斯特市，跟理蓮的弟弟萊斯特同住，就讀當地高中。瑪莉安則跟著姐姐艾咪，住在德州的貝爾頓市，同樣以完成高中教育為目標。日後瑪莉安一直記得首次造訪德州那天，到處都看得到的矢車菊。

一九四七年四月，孫氏夫婦搭乘改裝過的海軍陸戰隊「海洋山貓號」軍艦，前往睽違五年多的台灣。

再次造訪，依舊是不太舒服的旅程。軍艦上乘客睡在吊床上，男士一邊，女士另一邊，吃飯得拿著餐盤排隊取餐。

船上有許多由中國撤退下來的宣教士，言談之間，流露出對共產主義的憂心。整個中國大陸被共產黨佔據，倉惶敗退的國民政府緊抓住台灣不放——一介孤島如何能敵得過偌大河山？

「共產主義沒有騷擾過『我們』。你們為何不到福爾摩沙來？」理蓮說著熟悉的地名，眼眶熱了起來。

在船即將抵達上海前，收音機播放新聞：「共產黨員在台灣掀起革命。」理蓮的整顆心揪了起來。她不相信，但訊息紊亂，一切亂糟糟的。他們甚至在上海滯留了好幾個禮拜，才獲得放行。

失序的景況

一下船，種種改變迎面而來。記憶中，家家戶戶都是用紙糊的拉門，彈著日式的吉他；現在人人穿著台式木屐，縈繞耳邊的是台語歌謠，還有布袋戲。馬路原先是靠左邊的日本制度，變成了靠右邊行走。

宣教士宿舍並沒有被炸彈命中，早先的「孫牧師宅」被一位基督徒企業家整修好了，但是觸目可見明顯的炸彈轟炸痕跡。

人與人互動的改變最為明顯。他們離台之前，固然有戰爭末期的荒涼；但再次抵台，由於前兩個月才發生過二二八事件，真是全島如驚弓之鳥。擔任過駐美大使的魏道明博士，剛剛出任了第一任的台灣省主席。而孫家熟識的和為貴（Hildur Kristine Hermanson, 1901-1992）宣教士，為了搶救受傷的人，面對槍桿和子彈毫不畏懼，成為寒流中稍現即逝的溫暖。偶爾會在牆上看到匆促寫下的「共產黨已佔據大陸」的字句，顯示出警告的氣息。一種兵荒馬亂的失序感，四處縈繞。

「數以萬計的難民被飛機和船帶過來，以前我的客人是一個或兩個過來，現在是一群人一起來。昨晚我們收到一封信，詢問我們是否可以收容一間育幼院和一所神學院的全體學生。」理蓮寫信告訴朋友。

在寫給女兒瑪莉安的信件中，她也曾敘述如何把宣教士朋友從基隆接到台北：「他們的行李出了一些問題，所以我們到了天黑才出發回家。卡車沒有燈，得靠著路上其他車輛的燈光才能前進。另外卡車也沒有喇叭，所以如果看見路上有人，所有的人就會朝著他大喊：『你想死嗎？』然後他就會趕快跳開！卡車的引擎也有問題，腳下的車底板會鼓起來又消下去，就像海浪一樣。」

敵對、焦慮、煩躁，不知明天將如何，整個島都是。

19 原住民的五旬節

黎明臨到之前的天空，最為黝暗。

在快要窒息的慌亂中，最令人驚喜的消息傳到。早先山區的宣教工作，不只沒有因為宣教士撤退而中止，反而抽芽發穗，進而繁花似錦。雅各早先報平安給理蓮的家書即曾經提及：「我們離開後，山區的教會有驚人的發展，他們稱之為山地五旬節。記得那位個子嬌小、不像學生的姬望嗎？這都是她的功勞。」

姬望這位太魯閣族婦女，在雅各回台的前兩個月已經過世了；但就是這個瘦弱的小女子，當初竟然在返回花蓮之後，便不住傳講聖經，使得警察一聽聞到她的名字便頭痛。她每到一處便被趕到另一處。所到之處，基督救恩便隨之播揚——簡直複製了初代教會的福音傳播模式。到二戰末期，山區裡已經有將近八千名基督徒。

「我從沒有看過這樣的事，當我回來的時候，發現有至少四千名教友和十二間運作中的教會。在花蓮的一間教會，一年之內就有超過五百位原住民受洗。」雅各連連驚嘆。

有位原住民青年，在夜裡步行二十英里聽姬望傳講基督信仰，每週一次。結果在三個月訓練結束前，他已經向二十五位鄰居宣講福音，後來全村都成為基督徒，這裡叫做：牛窟社。

烈火般的信仰

還有一名原住民青年高添旺，因信仰基督被日本人抓走了，晚上不讓他睡覺，白天又強迫他去除草。一個星期之後他爆發了，跑到警察那裡大喊大叫，要他們把聖經還給他，否則就要揍他們。向來作威作福的警察被嚇到了，竟然就乖乖地把聖經歸還了；又怕高添旺真的會連神社也拆掉，引來厄運，於是又做了籠子把他鎖在裡面，達一年之久。後來高添旺一被放出來，就開始大規模地宣傳福音，是台灣教會歷史上一個重要的人物。

在當時，偏遠又貧困的山地，傳揚信仰的困難遠超過想像。日本警察在一間泰雅民宅裡找到一本日文聖經，隨即展開大規模搜查，所有的聖經和詩歌本都被沒收燒毀。於是村民們買來更多聖經和詩歌本，再次被查到後燒毀。這樣連續三次。最後警察被激怒了，把幾個帶頭的都抓起來，叫他們跪下挨打。他們跟警察說：「你可以砍斷我們的手，我們還是基督徒；你可以殺掉我們，我們還是基督徒。」

警察只得嚴厲斥責一番後，把人放回去，單單留下一個叫做劉富昌的領袖，並向他講明得到自由的唯一方法，就是宣布放棄信仰。劉富昌拒絕了。後來他在監獄裡得了腳氣病，日本醫生譏諷地回說：「跟你的主禱告吧！」

劉富昌被關在牢裡那幾年，卻讓上千人信仰了基督。雅各返台後第一次到東海岸去，早上六點就被劉富昌的敲門聲給吵醒。他就是這樣夜以繼日地服務。

原住民的五旬節故事，美得不可思議、令人落淚。兩名原住民青年因為戰爭爆發，被日本政府徵召了，被擺在最前線，原本就是註定要當炮灰的。結果這兩名部落少年沒死，還同在香港駐紮。他們先用日文交談，很快知道他們同樣來自台灣，都是原住民，於是阿美族青年把基督信仰傳給賽夏族青年。戰爭結束之後，賽夏族青年回到部落，先帶領妻子和兄弟相信耶穌，然後一個接著一個。

雖然是繞了一圈，但是如何能肯定他們在香港的相遇，僅僅是一個巧合？

記得三笠村

還有一個地方叫做三笠村，因為太多人改信基督教，以至於警察使出殺手鐧：三天內，所有的基督徒必須到警察局來公開聲明放棄信仰。如果有人拒絕，就會被綁上石塊，從吊橋上直接丟下去。

村民們午夜時集合起來。有人認為：也許不妨先妥協，保住性命，才有為自由和信仰而戰的一天。語畢，一位年輕人站起來，引述了聖經裡的一句話：「那只能殺害肉體、卻不能殺滅靈魂的，不用害怕。」

一陣不安的沉默之後，終於有人說：「拒絕放棄基督的人舉手。」

昏暗的光線下，每隻手都舉了起來。

第二天村長帶著村民的決定，前往警察局。

「今晚我要慶祝一番！」警察竟然這麼說。當晚，他喝得醉醺醺地跑去釣魚，一涉入湍急的河裡，就漂來一根浮木直接撞到警察的頭，當下在吊橋的倒影下，他死了。

日本投降消息傳來的那一天，一位泰雅族代表到花蓮請教牧師：「你是如何建造禮拜堂的？」牧師畫了一張簡圖，告知幾週後會親自上山協助。當他來的時候，禮拜堂已經完工了。

禮拜堂建造過程中，還發生一件小插曲。「你們在幹什麼？」一位日本警察還不知日本敗戰了，對著禮拜堂樑柱旁的壯丁們大喊：「我要燒掉它！」

「你得連我們一起燒掉！」大夥回答。

等這位警察垂頭喪氣地打包要回日本，村民們安排了一頓晚餐送行。

「這是基督徒以德報怨的方式。」他們說。

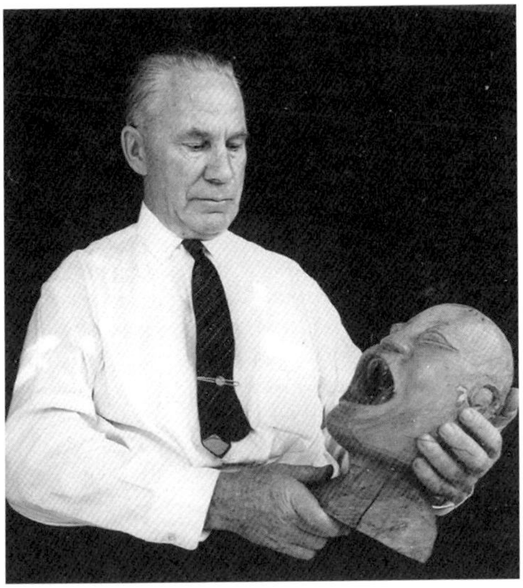

孫雅各為原住民部落盡心盡力，圖為他拿著讓原住民練習拔牙的木雕。

布農族的見證

負責長老教會「山地部」的雅各，前往布農族部落時，才剛到台東火車站，就看到大約六百位布農族人穿著節慶服飾，站成一排，頭目赫然站在最前端。他們花了整整一天的時間，從遠在深山的部落趕過來歡迎。

頭目這麼告訴雅各：他的兒子之前被日本軍隊徵召，派遣到南洋。日本人跟他們說同盟國是敵人，如果被俘虜了就會被殺而且吃掉。結果他的兒子真的被俘虜了，但出乎意料之外的，並沒有被折磨，反而是受到仁慈的對待。有一位基督徒醫生為他包紮傷口，事事關心照料。

他的兒子回到部落之後講述了這些故事，很快傳遍了布農族。在太平洋某處一位基督徒醫生的善行，勝過了殖民政府所刻意形塑的同盟軍的凶惡形象。

「現在我們知道白人不是我們的敵人，而基督教是好的。我想要成為基督徒，我也要我所有的族人都成為基督徒。」頭目這麼說。

20 人妻宣教士

和二次大戰之前相比，雅各的工作更重了。

騎著一輛淑女型腳踏車，創立起台灣第一個扶輪社。考量到來台灣的美國人需要一間給孩子就讀的學校，因此參與創辦了「台北美國學校」。目睹台灣神學院周圍有許多喝酒的美國大兵，可能對神學教育發展有礙，是以憑藉著與蔣介石良好的關係，將神學院搬遷到陽明山；還在黃彰輝牧師的奔走下，創立了玉山神學院……

就這樣，雅各竟然一口氣身兼了五十四個委員會的職務，回到家，就難免會與理蓮提及教會的相關因應狀況。

「我要做點外面的事」

有一陣子教會賣了地產而多了一大筆錢。超高的利率，讓機構的人昏了頭、沾沾自喜得很，根本弄不清楚台幣正嚴重貶值中。雅各氣悶到極點，一邊修剪樹籬消氣，一邊怒斥道：「根本是一群偷牛賊！」對南達科他州的牛仔來說，這是最惡毒的罵人字眼了。

孫理蓮（前排左五）、孫雅各（前排左四）與台灣神學院的學生於校園前合影。

還有一次，有一筆多達兩千萬元的遺產，指定要捐給台灣神學院。結果雅各只接受了一小部分，因為拿人的手短，接受了太多捐款，無形中就會受到捐款單位的約束。

點點滴滴都落在理蓮眼裡。是的，窗簾裝好了，家務事也運作正常，「孫牧師宅」重新在台北開張了。她細心而無微不至地為宣教士們設計了針對個人的接待方法：在每個房間、各個枕頭上標注使用者的名字，有一個人實在記不得了，就直接標上「其他」。

這時期，大批原先在中國宣教，跟著戰敗的國民政府遷到台灣的美籍宣教士，成為再度開張之「孫牧師宅」接待的主流。這些乍到陌生地的宣教士遇到同屬美籍的雅各和理蓮，不啻於他鄉遇故知；加上兩人對台灣的情況又如此瞭解，便成為他們從事宣教工作時探詢意見的對象。想想看，雅各的教會資源加上宣教士所在地均可能成為據點，該可以做多少事呀？何況台灣的確烽火乍平、百廢待舉，理蓮想到之前在圭亞那所發展出的工作……

於是她找上雅各，說道：「我已經做好家裡的事情，我要做點外面的事。」她鄭重地加強語氣：「我不要只當個宣教士的妻子，我要當個妻子宣教士。」

知妻莫若夫。雅各的藍眼睛閃亮極了，帶著「我早就知道」的喜悅，也有著期許：「妳可以非正式地做些教會沒有做，但又必須做的事情。」

「在英屬圭亞那，我曾經向孩子們傳福音、舉辦戶外聚會，我想繼續做這些。」理蓮的眼睛也亮了。

「但這裡有戒嚴令。」雅各提醒她。

「但這裡有日本人統治時所沒有的宗教自由。」

是的，對宣教士來說，任何局勢、政治角力、文化差異、族群隔閡，都沒有能夠自由宣教來得重要。就這樣，雅各成為理蓮重要的支柱。

四十八歲的嘗試

戶外聚會想要帶動氣氛，招來群眾，樂器一定要有。當時最普遍的樂器是風琴，問題是搬運起來太礙手礙腳了。一定要便於攜帶的！

揹著手風琴與操著一口獨特的「孫式台語」，是當時許多民眾對孫理蓮的印象。

「手風琴呢？」朋友永昌是手風琴教師，理所當然地往這方向建議，而且也很快付諸行動。「這個手風琴要賣，賣的人說可以把琴先留在妳這裡，讓妳試試。」

真的可以嗎？理蓮把手風琴揹在身上，站在鏡子前，比劃著和弦的指法，生澀彆扭極了。但揹在身上就可以彈奏，的確滿方便的。

她照例抬頭看著雅各。

「我不認為妳學得會。」雅各正在裝卸照相機，照相是他少有的嗜好之一。他放下相機，忍不住又搖搖頭。「還有，也太貴了。」說完後，又拿起寶貝相機。

當永昌再來探問結果時，理蓮只能回報這壞消息。這名老師撫摸著手風琴，這麼告訴雅各：「這手風琴的價格跟一台相機差不多，對教會和上帝的貢獻也絕不會比相機少。」

個人興趣又如何能與傳福音、得到生命的價值相比？永昌的提醒讓理蓮得到了手風琴，而他便是順理成章的手風琴老師。期間有一回，理蓮偕同呂春長牧師前往中部，臨出發前，呂春長跟雅各打趣「賀喜」道：「你想想看，你像有一個裹小腳的太太，整天盡在耳根子邊彈琴。現在你終於可以清靜一下了！」

在永昌的教導下，從「普通」、「有進步」，到「不錯」，最後「很棒」。理蓮在四十八歲那年，手風琴終於出師了。

她踏出戶外佈道的第一步。

21 不要等魚，要主動抓魚

按正常邏輯，理應一個工作接一個工作做完，站在前一個工作的基礎上來進行，以獲得更有效率的發展。但事實上，卻不是如此。理蓮的妻子宣教士生涯一開始，即面對台灣將所有公共資源全部吸納到國防軍事之中，以至於社會的公共福利呈現真空的狀態。而她因應的策略，就是「哪裡有需要，就往那裡去」。

基本上，她的社會救助工作可歸納為兩大塊，首先是在台灣基督長老教會的系統中，循其觸角分布所及發展；其次是在走訪各地後，因著弱勢者的需要而開辦。

至於資源則來自三方面，一則是來自自己所屬的台灣長老教會並及於海外長老教會系統的支持；其次，則是自己所熟稔之宣教士的助力，宣教士亦在她和孫雅各的支持下推展宣教工作，成為雙贏；第三是設法立足於當時特殊的兩岸政經局勢，甚或美蘇冷戰之民主自由與共產威權兩大陣營。雅各與理蓮以其在台灣所具代表性之美籍人士的特殊地位，加上蔣介石政府當時亟欲獲得美國政府的支持，無形中得到極大的施展空間。

時至今日很難想像，理蓮如何在一片風聲鶴唳中展開她的工作。首先就是她念茲在茲的戶外兒童佈道。戒嚴令實施下，群眾集會一律受到嚴格的監管，連教會內部的聚會都有警務人員列席監聽、維持秩序，遑論在戶外進行時可能遭遇到的干預。

戶外初嘗試

問題是，「如果漁夫要抓魚，不會只呆坐在船上等魚跳上船，他會去抓。」同理可證：怎麼能夠坐在教會乾等，讓人自動送上門來相信耶穌呢？這是戶外佈道進行的思維。

歹年冬，大多數教會只想關起門來度小月，誰想沒事惹麻煩？理蓮問了半天，好不容易有一間教會點頭答應舉辦戶外佈道會。

星期天傍晚，理蓮揹著手風琴，到禮拜堂跟年輕人及牧師會合。「我來彈琴，大家一起唱歌，然後你來說歡迎大家參加聚會。」

一行人沿著街頭，唱著〈至好朋友就是耶穌〉。才剛開始呢！就有警察趕過來，大喊：「你們被逮捕了！」

年輕人嚇得全跑光了，只剩下牧師和理蓮。

警察不由分說，要求他們第二天到市警察局報到。

有關這點，雅各已頗具先見地提醒了：「如果警察來找麻煩，不必太客氣！」當時美國政府也有心透過台灣人對美國人是否友好，來確定對台灣新政府的態度。

因此她立刻回覆：「我會去，而且會帶著美國領事一起去！這件事也會直接向華盛頓特區回報。」

孫理蓮站在板凳上，生動地以法蘭絨教材介紹聖經故事。

果然第二天，他們在領事館職員的陪同下去到警察局時，警方道歉道：「一切都是誤會，那位新警察剛從中國大陸過來，以為妳是共產黨員。」

「共產黨員會唱〈至好朋友就是耶穌〉嗎？」明明標舉的社會主義是主張無神論的呀！

如同絕大多數開風氣之先的創舉一樣，總需要比想像中更漫長的時間去醞釀、等待並喚起共識。理蓮的兒童佈道計劃，初期進展得非常緩慢。

她到處奔走呼籲，去到鄉鎮裡，看到唯一一間教會，主日學的孩子只有四十個。不過這樣牧師已經很擔心了：「請不要帶著妳的手風琴出去，這樣外面的孩子會跟著妳進來。」學校裡整整有一萬個孩子呢！他想的卻是：一旦擠進教會可怎麼照應呀？

理蓮寫信給友人，委實有感而發：「長久以來，本地教會只關心自己的孩子。要讓他們認同『在主的眼裡，教會對所有孩子都有責任』，就像是拔牙一樣痛苦。」

觀念改變需要點點滴滴的努力。究諸實際，兒童增加等同於工作及責任都會跟著提升。教會必須更做好準備。

貧民窟中的繁花

兒童佈道工作，一直到獲得英國長老教會的資助之後，北部原先擴展的三間，加上南部四間教會陸續參與，才算比較全面性的展開。

理蓮開始從早到晚都得帶著手風琴。星期天得固定去九到十個地方，簡直忙到不可開交。說到底，這個「忙」也是因著理蓮耐不住性子、無法坐視。看到市區的貧民窟擠了大約兩萬人，房子像螞蟻窩般層層相疊，孩子們連玩的地方都沒有。她想：這裡也該來一個兒童佈道。問題是這麼擁擠，連人都緊挨著，哪裡還找得到地方出租呢？

她根本等不及找附近執事和牧師幫忙，有一天天氣壞透了，聚會取消，按理是該待在家中歇息的，理蓮卻坐不住，拔腿就去找場地。在巷弄裡鑽了老半天，突然看到一片紅磚牆，牆的那頭有一棵大樹向天空伸展。沒想到，貧民窟裡竟然會有這種地方！

輾轉找到了花園的主人，她立刻用每個星期天五毛錢的價格，租了下來。

這個花園讓數百位勞工的孩子可以聽聖經故事。沒有聽過基督信仰的父母親也經常來，站在孩子群的外面，津津有味地聽著。

「每週都有好幾堂聖經課。週二和週四晚上，我們帶著神學院的學生，和附近的傳道人和牧師一起，到市區舉行戶外佈道聚會，有時候還要用到雅各的擴音器。」她這麼寫道。

打包問題大

緊湊的行程中，很難想像最大的困難，是怎麼把法蘭絨圖板教材、孩童佈道教材和手風琴都快速打包好，然後盡速前往下一個地方。

把時間回推到四〇年代的台灣吧：東西這麼多，當時最普遍的腳踏車根本派不上用場；三輪人力車的後面是有坐的空間，但速度又太慢。有一回竟然連吉普車都給開來了。「用引擎蓋當作講台，站在引擎蓋上，我對著數千人彈奏手風琴。」那一大包東西自然由吉普車運送。結果是「許多外面的人，因為這些戶外聚會而開始進到禮拜堂」。

忙得不可開交，理蓮仍恨自己腳步不能加快。一顆唯恐來不及的心，催促著她開展這份兒童工作，外加可能擴展的青年、未曾接觸過信仰的民眾，甚至她和雅各所熟悉的山地原住民工作……想到這些，理蓮的心隨時像在翻滾。

大一點的船

有一天早上，準備與雅各共進早餐時，她提到：「還有成千上萬個孩子沒有接觸到。」「山地裡有好幾百個村莊，還沒聽到主耶穌的事情。」他回答說。

「我想到一個故事。」理蓮放下手中的餐盤。「一艘船在大霧裡失事，數百個人落水。第一艘船上的人看到了，怕救人的話船會超載，可能會同歸於盡，於是自顧自把船划走。另一艘船裝滿了救起的人才離開現場，並為沒能獲救的人哀傷。」

「後來怎樣？」雅各問。

「當第一艘船被找到，人們問船上的人：『你竟然自己划走了！你不為自己所作所為感到羞恥嗎？』那人回答：『我一輩子都為此事感到羞恥。』

第二艘船的人也被問道：『當你的船因為無法救更多人而必須離開時，你在想什麼？』那人說：『我禱告：主啊，請給我一艘大點兒的船！』」

那天雅各低頭做早餐禱告時，說道：「主啊，請給我們一艘大點兒的船！」

「阿們！」

22 颶風中的蒲公英

在理蓮寫給瑪莉安的信件中，如此敘述戶外佈道的進行：

一開始，我拿著手風琴在街上逛一圈……等回到聚集地點，其他的人已經把我的法蘭絨板釘到棍子上，還用大桌子或大箱子搭好一個講台。

在這臨時製作的講台上，可能連站都站不太穩，個兒不高的她，還得讓人攙扶著，踩著板凳或箱子再登上去。但是，就在簡陋的講台上，她說著一個又一個的聖經故事，唱著一首又一首的詩歌。重點是聽的人幾乎都是第一次聽見基督信仰。這些人不只是原先設定的兒童，還包括了最好奇、最樂於戶外活動的青少年。

走出戶外

當然，相對於教會內部已經齊備的硬體設備，在戶外舉行，往往多了些不可掌控的情況。

理蓮曾這麼記敘在台灣南部竹門，進行戶外放映福音影片的狀況：

我們就在星光下放映。是靜止的幻燈片，而不是影片，可是昨天晚上一陣陣的涼風吹著布幕，幻燈片上的人物竟然像是動了起來。那個女主角好像在重重喘氣，胸脯逼真又誇張地起伏；等下一陣風再吹起的時候，男主角就英勇地動了起來。這真的是太有趣了，但我不敢笑出來。

那個保守的年代，連「性」都只能私底下討論，遑論公共場合具象化男女的生理特徵。但也的確，走出教會圍牆的戶外佈道，對接觸群眾而言，某種程度是更大的船，可以如颶風乘載蒲公英種籽般，把信仰信息傳送得更高更遠。至於蒲公英種籽到底會落往何方？會如何發芽成長呢？機率與頻率全都難以逆料、但憑天斷。

有一次，理蓮受邀前往新竹參加晚間禮拜。到達時，發現禮拜堂很大，卻只有十五個人在裡面。該有多可惜呀？

理蓮坐不住了。「讓我帶著手風琴出去，邀請更多人進來！」她這麼懇求說。「新竹人不適應那樣的做法。」牧師否決了。

第二次再來，照樣人很少。

理蓮再次提出要求：「讓我出去找人進來。」

這次牧師沒有說話，但是牧師的兒子說道：「我跟妳一起去。」

走上街頭，理蓮彈著手風琴，年輕人大聲宣布裡面有聚會，歡迎每個人參加。結果進來的人把禮拜堂坐得滿滿的。

二、三年之後，她正在一個教會用台語講道，不料警察衝進來，說規定必須有國語翻譯才能進行。但那時會說國語的人幾乎只限於「外省」族群，那還是個長老教會，群眾都說台語，理蓮的國語也不怎麼樣。正當不知所措之際，一位年輕人自告奮勇地說道：「我會說國語，我來幫妳翻譯。」

後來這個年輕人告訴她：「我第一次是在新竹見到妳。妳當時彈著手風琴在街道上走來走去，跟著妳，我第一次進到禮拜堂裡，後來就固定去禮拜。現在帶領了二十三位同學相信耶穌。」

領事館的告誡

還有一次街頭聚會，理蓮在彈奏時，請一位宣教士幫忙看著錢包。沒想到禱告時閉上眼睛，等宣教士再把頭抬起來時，發現錢包已經不見了。裡面錢不多，但是有理蓮的護照，這是不得了的大事。

當理蓮去辦理新護照時，被告知：「我們得向華盛頓的主管當局回報此事，我還得告訴他們這個狀況。我不會報告說是妳疏忽了，雖然……」這位官員貶了貶眼，意味深長地說：「我想妳只有一點點疏忽。但是妳們的聖經上不是說：『要警醒禱告嗎？』」想來這位官員也熟知聖經經文。

這件事之外，還有個有趣的插曲。

因為戶外聚會總是以音樂開場，為了吸引民眾，手風琴、鼓等樂器都派上用場。有一晚，他們遇到競爭對手了。一個賣藥的小販用的竟然是薩克斯風。雅各前往探察「敵情」後，回來說道：「看來我們要演奏點更棒的音樂，或者得找來更多『卡水』的姑娘！」

孫理蓮告訴孩子：「如果會唱剛剛教的詩歌，就可以得到五張灑滿金粉的聖誕卡片。」

聖誕卡的新生

五〇年代，一個五官深邃的外國女人說著流利的台語，在台灣當時還處在農業社會、相對封閉保守的氛圍下，委實有一定程度的吸引力。如果可以再多點什麼，豈不是吸引力更大嗎？

理蓮想到美國聖誕節，人人往返寄送的聖誕卡片——灑滿金粉、聖嬰、聖誕老人……那麼美國，那麼夢幻。

可以先唱一首歌，然後告訴孩子們：「如果你會唱，就可以得到五張卡片。」孩子們一定會爭相把詩歌記住，上台唱歌吧？這樣不是就會吸引更多群眾湧進來嗎？牧者或傳道人便可藉機向更多人傳講聖經呀！

果不其然，聖誕卡的再利用，讓一張張原先要被丟棄或塵封在抽屜裡的卡片有了第二春。

經由理蓮的工作報告，加上雜誌的報導，數百箱用過的聖誕卡被寄了過來。

去領卡片時，郵局裡負責處理郵件的男士，按部就班地告訴她，得繳稅。

「但是這些是用過的舊卡片啊！」她抗議說：「根本沒有商業價值。」

男士堅持得很。

如果必須繳稅，金額可不得了。但怎麼可以不繼續下去呢？她彷彿看到孩子們的眼神，由發光到黯然。當時的台灣省主席吳國楨，理蓮認識，決定去找他，希望在關鍵時刻這個朋友可以出點力。

「吳省主席，像這樣用過的聖誕卡片並沒有商業價值。」她拿出一張給他看，「但現在，郵局裡的人不曉得，也不曉得可以讓孩子們開心。您可以寫封信向他說明嗎？」

吳省主席照做了。理蓮到郵局去時，臉上是藏不住的笑意。

「這些包裹，我現在就要拿走。」

這位頗有主見的男士伸手接下信件，安靜而從容地讀完。整整讀了三遍之後，突然兩眼發亮，伸手調了調眼鏡：「信裡可沒有說『永遠』不用繳稅喔！」他終於找到信中的漏洞了。

但理蓮對他的言語毫不在意，能拿走卡片，換得孩子們開心的笑容，就是最大的勝利了。

23 看見需要

「如果妳覺得這世界不夠好，」雅各提出了忠告，「那就改變它吧！」

再次抵達台灣，理蓮初期仍扮演著雅各「妻子」的角色。一九四七年晚春，兩人即進入山區。沒多久，台灣東部有一支由門諾會宣教士組成的「山地巡迴醫療團」進駐。門諾會標舉「你的行動，是你禱告的禱詞」，期盼以行動來改變世界。

由於山區只有簡易的產業道路，深山部落更是只有原住民徒步踩出的模糊路徑，巡迴醫療團會先用卡車把醫療器材運送進去，再請部落的人來幫忙扛。理蓮則將戶外佈道的方式納入山地醫療之中，透過彈奏手風琴，醫療團來訪的消息便迅速傳開。巡迴醫療團的高甘霖牧師（Rev. Glen Daniel Graber, 1920-2009）＊日後也成為理蓮重要的工作伙伴。

忙到沒心情害怕

進入山地，隨時都像在冒險。牛車是相當普及的代步選項之一，但水牛由於身上沒有毛

＊高甘霖被尊稱為台灣孤兒之父，家扶系統即創立於他之手，同時他也是台灣山地醫療的先驅。

孫理蓮與門諾會宣教士高甘霖（持手風琴者）組成山地巡迴醫療團，為原住民提供免費醫療。

細孔可以排汗，會越來越熱，熱到快受不了時，便會走到岸邊，然後一頭栽進河裡或溝裡，可以想見「後面的車和所有的一切」自然就會跟著被甩進河裡。當下，坐在牛車上的理蓮，必須立刻進行抉擇：到底要保命而緊抓住車子，或者要緊抱住片刻不離身的手風琴，不要讓它也跟著掉進水裡？決定的時間充其量只有一秒。

有一次，走了整整八個小時的路，隔天早上還有八百名患者前來求診。理蓮穿著護士服幫全身長滿疥瘡的小嬰兒上藥，看到有些人因疥瘡而結滿疤，嚴重的還會潰瘍、長出癤子、傷口感染。大學剛畢業時，曾經在開刀房裡一看到血就昏倒，理蓮自知完全不是天生的護士；但在深山部落裡，人們的需要蓋過了對血的恐懼，加上一整天這樣忙下來，忙到根本沒時間、沒心情去害怕。

彼時山區部落生活委實難以想像，每個人晚上會分到兩條被子和一條床單，在六呎大的空間席地而眠，跳蚤和小蟲到處都是。這些對理蓮都不構成問題，但愛乾淨的她，獨獨堅持要用自己的床單。每天一起床先把它小心翼翼地摺好，再跟衣服收進行李裡：

這些軟墊通常會先噴一遍殺蟲劑……如果想不受到蟲子的威脅，你就得每天晚上都噴，因為牠們不是沒死，就是用兩倍的速度繁殖，再不然就是死了又活過來。

書信中所敘及的蟲子，包括各種久違了的小生物：跳蚤、臭蟲、蝨子、蟑螂、蜥蜴，還有老鼠，更不用提囂張的蚊子了。有時連軟墊都沒得鋪，但醫療團的宣教士們往往累到不管在哪裡都可躺了就睡。事實上他們最常睡的地方是——教會的長板凳。

有一回，理蓮看著手臂上滿滿被咬的痕跡，忍不住對陪同的台灣牧師說：「聖經上說：『掃羅殺死千千，大衛殺死萬萬。』＊然而我們手上的腫包，則是用數十萬計算！」

有一晚忙到十二點，第二天清晨五點不到，就必須從長椅凳上「起床」。唯一可以用的出水口，是豬隻們喝水用的，根本累到不知刷的是豬的牙，還是自己的牙。

山區多驚奇

山區總讓理蓮念念不忘，理蓮也同樣令山區念念不忘。一九五〇年，負責教會山地事務的

＊掃羅與大衛都是舊約聖經中，長於沙場爭戰的勇士。

因為原住民部落的醫療資源極度缺乏，每當「山地巡迴醫療團」一到，總是會吸引大批民眾前來。

早期原住民免費診所的外觀。

雅各，因不能親自前往山地部落視察，又找不到適合的人代替他去，以回報真實的狀況。理蓮靜靜地看著他：「讓我去如何？」

就這樣，在張承宗＊這位熱忱牧者的陪伴下，在四個月的時間內，理蓮親身走訪了七十間教會。

造訪阿美族人的古老部落時，睡的不再是長板凳，而是竹竿架起來的平台。感覺舒適了一點，至少睡起覺來可以自在地翻身了。那架高的床緊臨著窗戶，窗戶上裝著木條。半夜，理蓮突然間覺得自己的腳似乎被推了一下，花蓮三不五時就有地震，但那次感覺很不一樣。

理蓮整個人驚醒，藉著月光往外看，沒想到窗外集結了一群原住民朋友，他們好奇地想看看這個外國人睡覺時到底長什麼樣子，然後又忍不住衝動地伸出手指頭戳一戳，沒想到把人給戳醒了！等理蓮整個人坐了起來，原住民朋友們也藉由月色看清楚長相了，有了滿意的結果，便點點頭離開！

造訪南投仁愛鄉過坑部落時，聽本地牧師說蛇很多：「牠們喜歡暗處，這種夜晚就是牠們喜歡出沒的時候，成群結隊的！」最怕蛇的理蓮，特別把手電筒放在身邊，好隨時查看。睡到一半，果然一陣窸窣聲出現了，而且是從地板上傳來的。

「一定是蛇。」她一個轉身，立刻找到手電筒，打開它。光線所到之處，有一個白色的東西閃了過去，落在地上然後轉身過來，射出奇特的光線——原來是隻貓。牠被光線驚擾到了，發出咕噥聲抗議，用爪子抓著桌子，把包在報紙裡的花生米給撒了出來。愛乾淨的理蓮只好拿著手電筒，把掉在床上的花生一粒粒地撿起來。

第二天天亮了，才看到整張床單都是貓腳印。

再來是中原部落，理蓮和兩位負責飯食的女生被分配到一間日式小屋。生怕食物味道招惹來各種動物，特意把肉和肉汁放進櫥櫃裡。第二天醒來，理蓮的床單上，原先的貓腳印疊上了狗腳印。半夜裡狗已經跑進來吃乾抹淨了。

＊張承宗牧師（1923-1994）在台灣神學院畢業後，原於宜蘭三星、彰化和美教會牧會，但極力投入山區福音工作，受孫雅各之邀，參與了芥菜種會。對烏腳病、未婚媽媽、監獄工作等貢獻極深。

豬舍洗澡記

山路崎嶇，沒路的得自己開，沒橋的得自己架。有一次在部落開完會議已是午夜，大雨滂沱，還必須走過兩個山峰間的凹谷才能到休息的地方。一路上處處水深難以測度，他們點燃樹皮充作火把照路，等樹皮燒光了，滿山的黑暗中，就只盼望天上的星月能夠悄然露面。

好不容易抵達了部落。原住民們滿腔熱情地接待了這一行人，特意把豬隻全部圈到另一間，空出來的豬舍就成為臨時沐浴間。他們還細心地在地上放一塊板子，這樣洗澡時就不用直接踩在泥地上。

有一個大臉盆用來燒水，待熱水流過皮膚表層，直滲入腳趾頭縫隙，真是酣暢淋漓。那一夜在豬舍洗澡的享受感，勝過一切的一切。

理蓮喜歡洗澡的習慣，為原住民朋友所熟知。三面牆的「豬舍」沐浴間，行之既久，成為固定的設置。結果有一次，燒水的大臉盆下的火突然失控了，火直接燒了起來，把豬舍都快燒掉一半，煙還不住地噴。理蓮邊穿衣服，邊跑出來求救。「這絕對是我的底線，不能再多了！」山地的驚險與驚喜，真是無極限呀！

鍋子裝嬰兒

山區裡事事驚奇，看到血就昏過去的理蓮，還曾經去幫婦女接生。

當時醫療團並不提供產科服務，但遇到緊急狀況，醫生請理蓮共同前往。

一個小茅屋，泥土地板，沒有窗戶，唯一的光源是從火堆而來。產婦就躺在竹床的草蓆上，再多專業訓練也派不上用場，但要迎接一個生命的誕生，仍是如此地令人期待。啊！一個渾身紅通通的結實小傢伙出現了。小拳頭握得緊緊地；緊皺著的眉頭，形成明顯的「井」字。理蓮用身上圍裙——小屋裡唯一一條乾淨的布巾——輕輕包裹住這初生的嬰孩，再用唯一夠大又能盛水的容器——那是一個鍋子——幫嬰兒洗澡。

真是個奇蹟啊！當她把新生兒交到母親的手裡時，產婦眼睛裡閃爍的母愛光輝，和臂彎裡安臥著小心肝寶貝的模樣，濕潤了理蓮的眼睛。如果有人問她：「妳為何要當宣教士？」當下她會回答說：「這樣我才有機會把這新生兒放到他媽媽的懷裡啊！」

需要深如海

問題是，如果這裡沒有巡迴醫療團呢？山區裡缺乏適當照護的新生兒會如何？出生在簡陋茅草屋裡的嬰兒會平安嗎？有多少山區裡的新生兒甚至連一條保暖的圍巾都沒有？什麼時候才會有具規模的醫療技

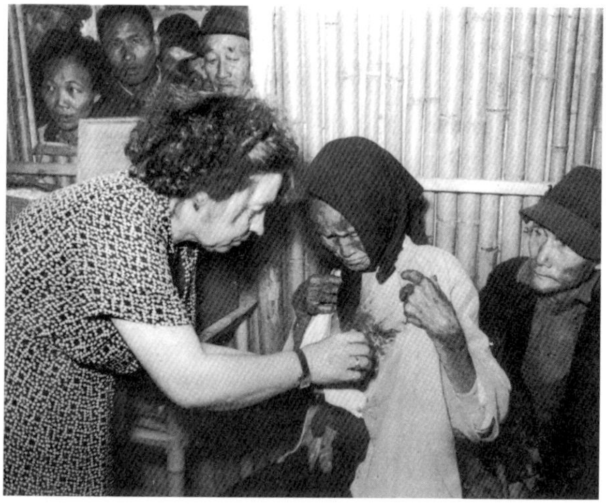

孫理蓮正在為一名原住民婦女處理傷口。

用布巾與鍋子為原住民婦女接生的震撼，讓孫理蓮決定設立現代化的「馬利亞產院」。

術，來迎接並協助這些胎兒來到世界上呢？

另外一個迫切需要解決的是：無所不在的肺結核病。每一次巡迴醫療團出訪，都會發現幾十件病例。這些患者，其實只要好好休息、保持清潔和良好的營養，就可以慢慢痊癒，偏偏這三樣都是山區所沒有的。

理蓮想為每個原住民族設立肺結核病房，每間可以收容兩百位患者，還有基督徒醫生可以照顧。但是遙遠東海岸的茅草屋和山頂小村莊實在太遠太遠了，更何況理蓮口袋裡連一塊錢都沒有，經費首當其衝是個問題。

理蓮跑到美援辦公室尋求支援，「這個問題跟海一樣大，妳能做的只是杯水車薪。」這是她得到的答案。

她向美國的記者吐露心聲：「如果你走進山地，看到超過八成民眾都患有肺結核病，連孩童也危險得很，你會只說聲『太慘了！』就走開嗎？會乾脆忘記了這件事嗎？我知道你不會。

你會用所有方法把病患隔離開來，好保護小孩子。」
「妳為何如此堅持？」某天一位朋友問理蓮。
「我很難過，因為我的羽翼不夠大。」

24 從山地開始

理蓮的羽翼是不夠大，但就像聖經中有個身無分文的寡婦一樣，被逼急了，去找一個只管自己有好處可拿的官員，講多了，對方再怎麼黑心，總也會撒撒手、給點幫助。理蓮秉持這樣的精神，一封又一封書信、一個又一個媒體，終於把遠方基督徒的羽翼連結到台灣。在社會需要上「補破網」，一針又一針。

在五〇年代的山區，嬰兒夭折的機率達百分之五十。事實上原住民婦女也需要安全的地方生產。耶穌基督就是父母親在趕路時匆促誕生在伯利恆小城的，這個故事甚或連非基督徒都耳熟能詳。「如果馬利亞需要一個地方生孩子，她來敲門，一定會讓她進來的。現在我們可以奉祂的名，讓這些部落的婦女進來。」專為原住民婦女所成立，並負責護士助理養成的馬利亞產院，就這樣出現了。

感染率高達百分之四十、五十的肺結核病，也一直為理蓮所掛念。終於在一九五六年一月，於中部的埔里，設立了第一間的肺病療養院。次年三月，在台東的新港（今成功鎮）也有了可以俯瞰湛藍大海的院區；另外，更北邊的關山山麓，也有療養院。

但兩難的是，病患總是在療程還沒結束前就想回家。

透過耐心的治療，肺病逐漸在部落絕跡。圖為孫理蓮在花蓮所設的肺病療養院。

孫理蓮前往位於台東新港（今成功鎮）的肺病療養院。

「如果你現在回家，你會死掉。」醫生叮囑道。

「現在是耕作的時候，如果我不回家，全家都會餓死。」他回答。

相對地，對罹患肺結核的兒童，則較可以無後顧之憂地治療，在「原住民兒童肺病療養院」，數年下來，共讓一百四十二位孩童痊癒返家。

墊腳石學校

跟隨雅各造訪深山部落的經驗，讓理蓮由實務面了解，山上的孩子要到平地讀初中，該有多麼不容易！光是每個月的房租就讓家人頭大，遑論租房子可能遭遇的各式風險。於是興建了學生宿舍給部落少年居住。澎湖的馬公市還蓋了一間青年旅社，想在馬公市就讀高中的少年，都可以申請入住。

在早期，小學畢業後要通過考試才能就讀初中。原住民孩子要與平地孩子競爭而獲得進入初中就讀的機會，並不容易。因此理蓮設立了墊腳石學校，藉著補習一、兩年來幫助孩子們通過初中的入學測驗。

有趣的是，理蓮原本預期，女孩們會比較想直接進入芥菜種會所設的保姆訓練班與護理訓練班，所以當初只規劃專屬男孩的墊腳石學校。沒想到在招生時，竟來了七十名女孩希望就讀。

因此在一九六四年，理蓮不但設立男子墊腳石學校，同時也設立了女子墊腳石學校。由於想就讀的原住民學生太多，在教室還沒擴建前，部分學生只好在帳篷搭建的臨時教室上課。

由帳篷臨時搭建的埜腳石學校，協助早期國小畢業的學童能通過初中考試。

待一九六八年，國民義務教育由六年延伸到九年，小學畢業不用考試了。埜腳石學校便轉收國三的原住民青年，幫助他們通過高中職或五專的考試。

事實上一九六一年，一項對山區教會發展影響極深極遠的工作推展了，這是特為原住民少年所開設的「聖經預備班」。當時十八到二十二歲的男性，凡未服過兵役，隨時可能被徵召入伍。那麼對於隨時有被徵召可能的少年，到底要不要排除？一旦被徵召了，先前教導的不就浪費了嗎？這成為理蓮和工作伙伴們討論的重點。

結果理蓮內在的「教師之魂」發動了。特別為這群少年開設了特別班。有三十多名學生，一逮住機會就拚命教他們——這些孩子隨時可能要離開，有機會教聖經，該有多難得呀？孩子們白天上課、晚上就擠在一起睡覺。個兒不高的理蓮得小心翼翼地從搖搖

蔡雲紫老師正教導學生如何使用縫紉機。

早期位於花蓮市中興街的女子習藝所。

晃晃的竹製階梯爬到二樓，才能到這些學生睡覺的房間。

聖經學校未曾停過，一九七四到一九九〇年之間還透過持續舉辦「愛修會」，更進一步培育原住民傳道人投入基督教會的工作當中。到一九九〇年為止，芥菜種會的學校共培育了一百五十位的原住民傳道人！而且循雅各的策略，把他們差派到需要的地方，包括馬來西亞與印尼的原住民部落，經常有這些原住民攜家帶眷落足的腳蹤。

職業訓練學校

理蓮對待每個人的需求，像媽媽操持家務的心，深入每個細節，並且無微不至地照顧每個家人。

早先山區禮拜堂大多就地取材，用竹子建造。二戰之後，在美國、加拿大教會的援助下，大約有四百間以水泥及石頭興建的禮拜堂落成了。

禮拜堂是蓋起來了，似乎還缺少了一點音樂。一架風琴五十美元就可以買到，可是要找誰來彈呢？在這樣的前提下，第一間以訓練彈琴、並及於兒童教育的保姆班，首先於台東關山

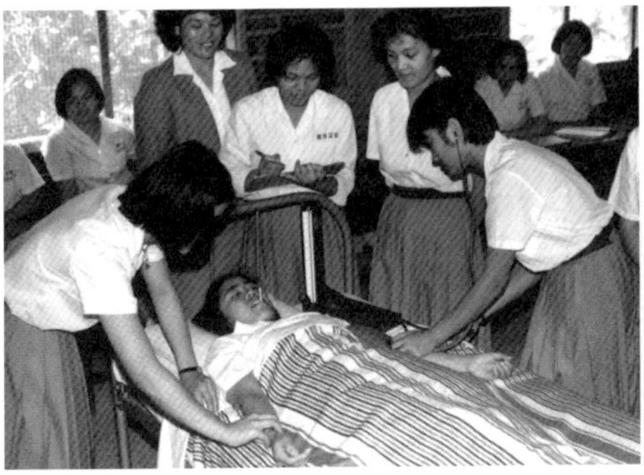
花蓮護理班的學生正在學習量血壓脈搏。

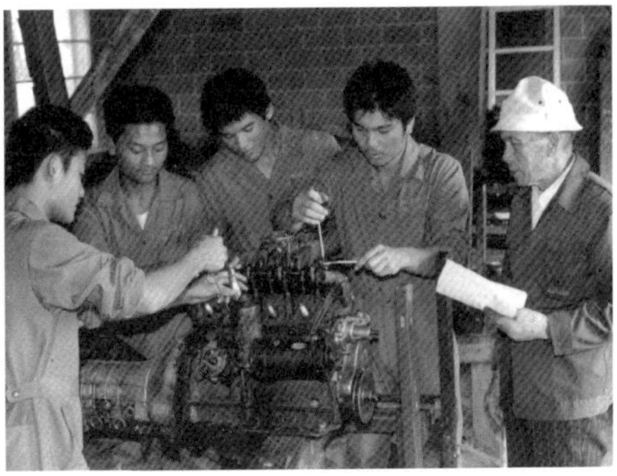
在花蓮男子義工學校，師傅教導如何修護汽車。

成立了。這亦是為了回應原住民山區像大海一般無邊需要的一小滴水。在一九六一年的書信中，她這麼描寫提供給原住民男孩的職業訓練學校（也就是義工學校）：

義工學校……目前剛在興建中，這所學校我們蓋得很辛苦，每一磚每一瓦都是靠孩子們以及其他人的援助，才能夠把學校蓋起來。

以當時物價來計算，一個水泥磚塊大約是十分美元。那種一塊磚一片瓦的認捐方式，把巨額需要化整為零，錢也相對比較容易從口袋裡掏出來，日後被台灣教會與機構所仿效。

那一年原本預定招收三十名學童，不料一口氣來了八十四名。理蓮忍不住感嘆：「如果我可以收集到更多的水泥磚瓦，就可以興建另外一個能夠讓一百個小朋友圓夢的學校。」可還記得再次返台時她與雅各於早餐時的禱告？果然，她無時無刻不在祈求：「給我們更大一點的船。」

給原住民女孩的習藝所也在花蓮北埔鄉擘建了。學校裡提供了台灣由農業社會進入工商業社會的過渡期所需要的各種實

孫理蓮為保姆班的學生整理儀容。

用課程，像是縫紉、烹飪、洗衣、打掃等。另外也有針對教會內部之需要的，例如查經班和音樂課等。到了第二年，習藝所的教學更加具體化，分成護理班與幼稚園保姆班兩大類。

而為了服務西部的原住民少女，保姆班也於新北市的樹林設立。這些少女習成之後，就可以到幼稚園擔任教師，已立立人了。事實上，理蓮在山區設立的幼稚園已經多到數不清，委實也需要大量師資投入。這些老師未來可以教小朋友什麼呢？應該可以教一些基本知識、講點聖經故事，還有一定要能夠彈風琴。幼稚園會有歌謠，教會裡也有人可以伴奏了。山區裡將飄揚著音樂，真好。

是的，每個兒童的晶亮眼神總引來她的笑靨。然而她骨子裡那農家女孩的務實，又催促她把資源運用得最大化——還有什麼比為離鄉背井到都市謀生的少年少女，從事紮實的職業訓練更能幫助他們免於流落街頭呢？何況孩子們本身就有需要呀！馬利亞產院和待產媽媽之家都需要護理人員，幼稚園更是需要老師的呀！這不就是當代企業管理理論中供應鏈的落實嗎？

以一九六六年為例，該年就有一千零五十名男子義工學校、女子習藝所、墊腳石學校、聖經預備班的學生；畢業於習藝所的三百七十名幼稚園老師；七千五百名幼稚園的孩童……很難想像，單憑理蓮一名女性，如何奔走於台灣草萊未闢的山嶺之間？而由職業訓練學校一間又一間的開拓、擴張，亦可知六〇年代初期，理蓮的工作重心在山地，且獲得了海內外基督徒及教會的一定認可，以至於募款能不斷地進行。

相關資料

從山地到海外

原住民絕不只是消極的領受者，事實上更是給予者。前面有提到，聖經學校培育了許多原住民傳道人，被差派到有需要的地方去。這件事的開頭，是一九六七年六月雅各因肺癌而病重時，他與台灣長老教會的牧師們於病榻前展開的對話開始。

「我們要為你塑一座半身銅像。」牧師們這麼告訴雅各，因為台灣長老教會系統的神學教育和山地宣教，都是在雅各任內大為擴展，貢獻實在太大了。

「不，絕對不要！」即使在重病中，雅各仍面帶驚訝地拒絕。

「那你要我們如何紀念你？」

「到南洋對當地的原住民宣教。」

一九七一年被派遣至馬來西亞砂拉越的第二批原住民牧師家庭。戴花圈的宣教士從左至右為曾傳火、全所哲、李學聖及張天成。

一九六七年，派遣台灣原住民牧師去服務南洋的「焚棘海外宣道會」，因此成立。

◆高地主教的禱告

初期，理蓮特地前往南洋，包括馬來西亞與印尼在內，去找尋需要由台灣派遣原住民牧師的國家。她先去到馬來西亞，位於北婆羅洲的砂拉越。

一九六八年，馬來西亞政府同意解除對台灣原住民牧師的相關管制。而且不只牧師可以前往，連他們的妻兒也都可以進去了！當芥菜種會的阿美族牧師到達砂拉越時，赫然發現當地的達雅克語，和阿美族語竟然有四成相同！因此在六個月內，第一批派去的四位原住民牧師便精通達雅克語，可以在當地宣教了。

「我過去從未計劃將工作從台灣開展到婆羅洲，這是我先生的主意。」理蓮在她一九七○年三月的募款書信中這麼寫道。

在砂拉越已經有了新教堂，理蓮認為下一步應該就是建立習藝所，複製在台灣的成功經驗。不過這樣的構想卻被斷然拒絕，馬來西亞的穆斯林政府不想要任何一所基督教學校。幸好，當時尚屬澳洲領地的巴布亞紐幾內亞，對這個計劃相當有興趣。

一九七一年，理蓮隻身前往巴布亞紐幾內亞。當地的教會人員告訴她：「妳講話的方式跟我們高地那邊的主教好相像！」因為這句話，她搭飛機進入「高地」，找到教會人員跟她提過的「主教」。

「你想要為高地開辦一間習藝所嗎？」理蓮問他。

沒想到那位宣教士大為激動，雙手顫抖地扶著講道台，開心地喊道：「妳說在門迪（Mendi）嗎？我已經為此禱告好幾年了！」

門迪習藝所開辦後，又展開了興建工程，一九七一年八月建物正式啟用；同年十一月，又在尼帕（Nipa）為女孩們打造了手工藝中心。對當地被視為商品或個人資產、一輩子活在苦役和虐待之中的女性來說，手工藝中心的確為她們開啟了全新生命的可能性，報名人數遠超出預期的數目。

◆上帝預備的人選

在理蓮尋找建立習藝所的場地時，隸屬於印尼的南婆羅洲也曾是考慮的對象。

不過，同樣信仰伊斯蘭教的印尼政府也說不需要一所基督教習藝所，但他們還是將門開了一個縫：「不過，我們實在需要教師訓練學校。」於是，理蓮與當地的華裔印尼人桑度科博士（Dr. Senduk）接洽，告訴他：「南婆羅洲的教會可以為達雅克人成立『基督教教師訓練學校』。」

桑度科博士給理蓮介紹了兩位住在南婆羅洲加里曼丹的神學院畢業生，並發電報請他們前來。發電報時，他把手放在上面禱告說：「主啊，請讓祢屬意的那位先回覆理蓮。」

在尼帕手工藝中心，孫理蓮向學生分享自己的趣事。

一九七七年，孫理蓮（中）在印尼的瓦梅納成立男子習藝所，為當地青年做職業培訓。

等理蓮到達加里曼丹機場時，其中一位畢業生潘楊（Thomas Penyang）和他的太太塔菲娜（Trafina）已經在那裡接機，他和理蓮共同視察了土地，選定了建校的地點、做好計劃，隨後理蓮便搭乘四點半的飛機離開。

當晚七點半，另一位畢業生也出現了，但理蓮早已離開。「這一定是上帝的旨意。」這位畢業生下了結論。

事實上，潘楊極為適合複雜的芥菜種會事務，且塔菲娜不只是被宣教士撫養長大的，更是少數會說英文的達雅克人。理蓮只有短短時間可以留下來交待事務，但上帝預備的人選剛剛好。

對於焚棘海外宣道會，理蓮主要是創立初期那幾年去開疆拓土，後期便交由女兒瑪莉安與女婿唐華南等人來處理。她一方面年紀漸大、體力有限，另外則是芥菜種會工作已經太繁複、太多元，甚或滲透到整個台灣社會。然而，對焚棘海外宣道會來說，理蓮初期開拓的重要性與影響力絕對是無庸置疑的。

25 樂生院的「我們」

時間再拉回雅各與理蓮第二次「回」台灣沒多久。早已與二人熟識的蔡信生傳道，不住造訪孫牧師宅。

「妳必須來！根本沒有人要理我們。」蔡傳道口中的「我們」，是指政府特別為了安置痲瘋病（也就是漢生病）的病患而設置的樂生療養院。他加強語氣道：「上星期有三個人自殺，上上星期也有三個，再上星期是四個。」

這麼多人自殺，怎麼能夠坐視？問題是：「我該怎麼辦？每天晚上都有戶外聚會，白天也幾乎天天都有。我已經告訴過他了啊！」理蓮雙眼望向雅各，依慣例希望能得到答案。

雅各嘆口氣：「真可惜，主只給了妳兩隻手。」他把那雙小手包覆在他的大手裡。「但是祂給了妳一顆偉大的心！」

戴仁壽的苦衷

蔡信生的邀約如此迫切，理蓮只得焦慮問自己：「我又不是醫生，不知道該如何治療！我

在蔡信生傳道的請託下，孫理蓮前往探訪位於新北迴龍的樂生療養院。

甚至也不是護士。」

二十年前，她穿過馬路去戴仁壽醫生的漢生病診所，協助招待病友吃聖誕大餐的事，依稀浮現眼前。

事實上，理蓮問過戴仁壽是怎麼開始痲瘋病醫療工作的。他的回答一直迴盪在理蓮的腦海裡：原來他還是馬偕醫院院長時，突然有位痲瘋病患來找他。他放下手邊工作，走出醫院，只見院友在幾步遠之外就停下來。

「怎麼了？」戴仁壽問。

突然院友整個人癱了下來！太意外了，他張大雙眼仔細一看，發現對方的雙手是義肢，鼻子軟骨塌陷，連眉毛都掉光了。

「那個人沒有要求我治好他的病，只要我允許他躺在醫院的一棵樹下，死去。」但連這卑微的要求也不能答應，「如果他留下來，所有病人都會離開醫院。」

他只得請院友離開。這也是促使戴仁壽日後設立了專門診所以及「樂山園」的原因。

聖經中，耶穌身旁總聚集了痲瘋病人、罪犯等社會邊緣人，祂怎麼說呢？「我病了，你們來看我。」沒有提到複雜的醫療技術；而是有人關心、親自來探望，本身就具有療效，也比什麼都重要。蔡信生說的話再度在理蓮腦海中響起：「都沒有人理我們。」

親自送上餅乾

這個「我們」——樂生療養院住了三百多名痲瘋病的院友——遠在另一頭的迴龍。要去，得先解決交通的問題。神召會的何師母（Mrs.Hogan）有輛車，會彈手風琴。「妳願意每月跟我去一次嗎？」何師母同意了。

「就像兒童佈道會一樣，我們先做禮拜，然後發送餅乾或糖果。我去山裡面的時候，知道長久沒有糖果，你會非常渴望有甜的東西吃。被隔離在療養院的病人也一樣，我會買好餅乾帶過去。」

第二天就出發了。何師母的車緩緩停進院區，等著的是蔡信生的笑容：「這裡沒有禮拜堂，但有個大會堂可以用來做禮拜。」

按照既定的流程，兩人揹起手風琴，一行人沿著泥土小徑繞行，一邊唱著、彈奏著，一邊宣布聚會的訊息。小徑安靜得很，只見一些屋子散落四處——這些屋子都是院友用竹子和其他材料自力搭蓋起來的。

大多時候，院友都安靜地待在自己的小窩裡，此時聽到少有的樂器和旋律，紛紛探出頭來——浮腫的臉孔、佈滿斑點且掉色的皮膚。慢慢地，有的院友拄著拐杖，步履蹣跚地跟來了。更後面的院友拖著癱軟的腳，還有一位老先生把手搭在前面朋友的肩膀上——他失明了。

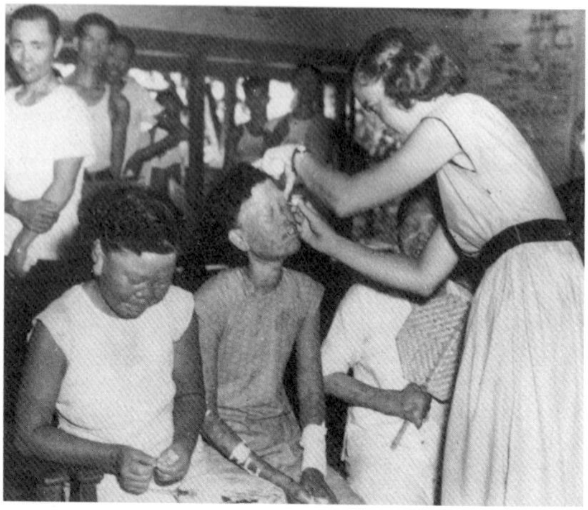

在樂生療養院中，孫理蓮帶來的醫護人員定期地為病患看診及治療。

在簡單的會堂裡，大家唱歌後，在圖板的輔助下，理蓮說了聖經故事，然後到了發餅乾的時間。

連這件事都經過細心計劃。她跟何師母說：「如果我是痲瘋病患，最讓我難過的，就是有人看到我卻躲開。」理蓮決定要親自把餅乾放到院友手中。嘴角上彎、綻開笑靨，拿起一大包餅乾，走下講台，往第一排座位走去。

但是如何把餅乾送給沒有手的人？理蓮的眼睛被淚水模糊了。

下一次，立刻把餅乾用紙袋盛裝。

生力軍加入

需要就在眼前，等不及找資源，她決定自行募集資源。當晚就打電話給馬偕醫院的白信德醫師（Dr.Signe Berg）。這位美籍宣教士，另一半在中國被共產黨給殺害了，對苦難的人也更能感同身受。理蓮告訴她：「我已經向樂生院的朋友說有人會去幫忙，妳願意嗎？」

「當然願意。」

「我們需要藥品，請妳列出清單，我去準備。」隔天早上，理蓮把所有的錢都拿去買藥，裝

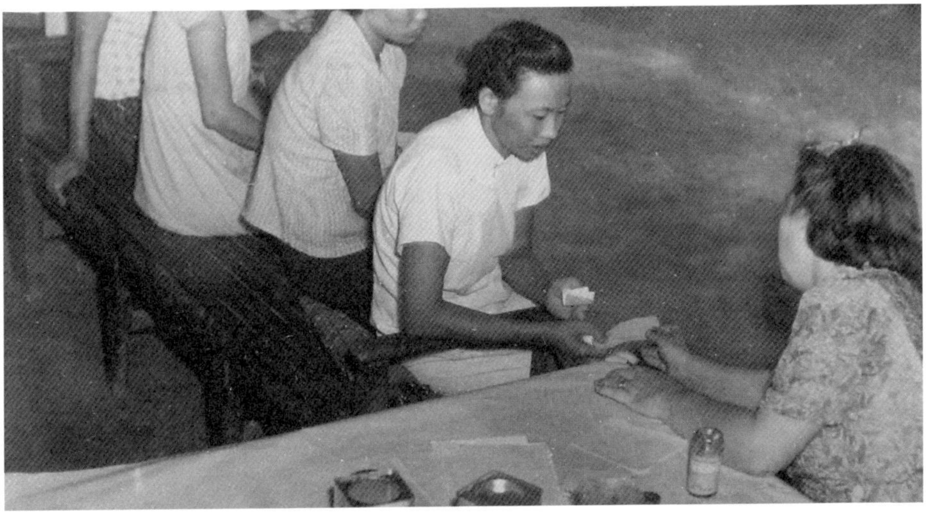

在樂生，「可以在家由媽媽來解決」的小病由孫理蓮來負責。

了兩個大籃子。

「這些藥還是不夠呀！」理蓮嘆氣。

白信德推了推眼鏡，這麼回答：「五餅二魚＊不也是不夠用嗎？」

等兩個人從計程車走下來，腳邊放著兩個大籃子，卻呆愣了半天。醫師轉過頭問這位有點不知所措的牧師娘：「該從哪裡開始呢？」

「從最緊急的地方開始吧，我稱之為『最接近天堂之門的病房』（Ward Nearest Heaven's Door）。」

孫牧師娘真的帶醫生來了。樂生院的院友蜂擁而至。理蓮充當翻譯，幫講台語的院友把話翻譯給講國語的白信德聽。她一邊忙碌著，一邊想著：到底該怎麼照顧好院友？每個人都有需要呢！

連一群原先對樂生院向來不滿的院民看到了，也這麼說：「妳和醫生可能沒有辦法看顧每張床上的病人。我們會組織一間診所，讓醫生看病；也會

＊聖經中記載，有一個孩子把自己所帶的五個餅跟兩條魚獻上，經過耶穌的祝禱之後，竟然餵飽了五千人。

穿戴著黑色制服與白色護士帽的杜愛明（左一）是許多漢生病友最溫暖熟悉的畫面。

從左至右分別是畢嘉士醫師、畢嘉士之妻卡莉、徐賓諾護理師、孫理蓮。

找出行動不便的病人，把醫生帶過去。」原先組織能力用在糾眾抗議，現在往建設性方向走。

診所通常是八點半開始，服務到下午四點鐘。不只白信德，「埔里阿公」徐賓諾（Bjarne Gislefoss）、「台灣小兒痲痺症之父」畢嘉士（Olav Bjørgaas）等挪威籍宣教士也陸續加入。徐賓諾身型高大，專攻護理，有著一顆特別溫柔細膩的心；而畢嘉士則是第一位到樂生療養院駐點的醫師，在院民狀況穩定後，轉往屏東診治一萬多名小兒痲痺症患者。

在樂生療養院，嚴重的病例由醫生診治。輕微的則由理蓮來解決，像是頭痛、胃痛、給傷口塗藥膏，以及其他「可以在家由媽媽來解決」的小病。

門診開始之前有短短的禱告。「藥品是基督徒奉獻的，是上帝的錢，你們必須認識祂，這樣才能感謝祂。」之後，院友排隊領取藥品。偶爾有婦女害羞地排在隊伍中。「我不是為了要東西，只是來說聲感謝。」

愛的途徑

被路德會差派，受過專業護理師訓練的杜愛明（Alma Drucks），花了所有時間在樂生院照顧院友。

她暫住在禮拜堂旁邊的小房間。白色筆挺的助手帽、白色衣領和黑色長袍，總是潔淨整齊，好讓訪客知道一切都經過洗淨消毒了，事實上每件布料都經過她親手洗滌。對很多院友來說，這襲黑色的制服和白色的護士帽，成為最溫暖熟悉的畫面。有一回杜愛明和理蓮走到一位病友的床旁時，病友說：「看啊！我的傷口都痊癒了。當我回到天堂的時候，我要告訴天父，妳們曾經看顧我。」

某天，正在診所忙著時，診所外傳來騷動。急促的腳步聲伴隨著喜悅的驚嘆聲，此起彼落。有些院友跑過來大喊：「天主教的人，帶給我們每人十磅重（約四．五公斤）的衣物！」他們從沒看過這麼多的衣服，一年收到一件衣服，已經夠他們感動了。

院友們看著理蓮，眼睛眨呀眨的，笑得合不攏嘴。他們像孩子對著媽媽一樣，忍不住問：「我們要怎麼辦呢？」

理蓮把手裡的繃帶剪完，放下剪刀，這麼說：「對於這些衣物，我們應該要感謝上帝。」其他的組織也帶來了毯子，院友也為這些毯子而感謝。「上帝的愛來自許多途徑。」理蓮告訴他們。

26 資源有限，愛無限

在一封給女兒瑪莉安的信件中，理蓮曾經如此說道：

我一有時間，就在思索要如何幫他們修繕房間，因為他們整天都要待在那裡。但因為已經是痲瘋病末期了，沒有人敢摸任何東西。

我想，可以雇用其他的病患來幫忙整理環境，再帶些顏色鮮明、像兒童主日學放的那些畫，掛到牆上。然後幫被子換個新被套，儘管它們照樣會被漠視，或是弄髒。但至少在乾淨的那段時間，他們會是開心的，這也是我們所能做的事情之一。

樂生院有太多事情要做，重點是：並非所有事情都可以藉由金錢來解決。

有個院友有一把老舊的伸縮長號。做禮拜之前，理蓮在小徑間演奏手風琴時，他便會帶著長號加入。特別是演奏〈十字架頂耶穌受釘死〉（Down at the Cross Where the Savior Died）的時候，這名院友會一臉喜悅地把長號放到嘴唇上，加入演奏的旋律。理蓮為了讓他開心，通常特意多演奏幾次。

從遠處眺望的聖望教會，景色相當優美而怡人。

漢生病友與孫理蓮在聖望教會前合影。

有一天，當理蓮停在他的小屋前時，院友空手走了出來。

「你的長號呢？」

他的眼睛往下看：「我不能再吹奏長號了，因為我手指沒了。」

為院友而建的教堂

樂生院區無論禮拜或門診，一直借用佛教徒的大廳。一九五二年的某天，理蓮跟雅各傾訴：「他們等得太久了。我想要在今年為他們蓋間禮拜堂。上帝必定願意的。」

有人率先捐了一百美元，院友靠著養雞集資了大約六百美元。戴仁壽醫師從加拿大回來，一聽，也捐了一千五百美元。

他還和理蓮去找禮拜堂的地點，在一個可以俯瞰谷底的山坡上，發現了好地點。有些院友還興奮地特別跑去看。理蓮這麼描述當時的場景：「一名院友禱告著：『天父，我們已經等了許久。現在看起來，祢已允諾。』這並不是上帝沒有聽到，而是我們動作太慢，年復一年地耽擱下去，沒有用愛跟醒悟來幫助。」

有個上午，理蓮到樂生院的時候，有一群院友已經等著她了。一人走上前去，交給她一個小包裹。「這是奉獻給修建禮拜堂的錢，這裡還有一枚金戒指，所有的錢已經都消毒了。這些並不多，但是我們想要做應當做的部分。」

「這座禮拜堂是上帝為你們而建的。一開始並沒有錢來興建。這全都是來自祂所給予的禮物。」理蓮輕輕地回答。那晚，理蓮把消過毒的錢記錄在她的帳簿，還有一枚金戒指。

「我們快要有一間禮拜堂了。」理蓮站到老病友游先生的床前，這位老院友曾經是校長，對痲瘋病友的需要總能一語中的。不料他把臉轉向牆壁：「我永遠沒辦法見到。我沒有機會去做禮拜，除非我能走路！」

完全正確。理蓮頓了頓，這麼回答：「我保證，你會到禮拜堂去的。」

理蓮這麼跟她的工作伙伴討論：「我需要一個有輪子且高度不高的車，它可以在水泥路上行走。」這樣一來，那些不能行走的人，也能到禮拜堂。

一九五二年十月，禮拜天清晨，屬於院友們的禮拜堂鈴聲第一次響遍全院。瘸腿的、跛腳的、瞎眼的、殘疾的……眾人慢慢地進入。游先生坐著特製的車子也來了。講堂上擠滿了來拜訪的宣教士。院友組成的詩歌班，誦唱著詩歌。連不能起身的院友也很高興，因為講台上面裝了一支麥克風，禮拜的內容可以傳到病房的擴音器，間接參與了禮拜。

終於，他們的需要有人看見，並且被滿足了。這間禮拜堂有一個今日看來很基督教、也很符合理蓮清教徒品味的名字——聖望教會。

職業治療室

隨著藥物「氨苯碸」（Dapsone，簡稱 DDS）於一九五三年引進，痲瘋病獲得有效控制，院友服藥之後，體內的痲瘋桿菌反應呈現陰性。按實際情況來說，是可以離開院區、回歸社會了。但是，藥物治得了病，卻救不回已經殘缺的肢體，也難以扭轉大眾那充滿歧視、因驚駭而反應過度的眼光。

天地如此大，何處容身呢？「我們需要一間職業治療室，訓練他們的謀生能力。」理蓮再度跟雅各商量。

她想到人在紐約、《基督科學箴言報》（*The Christian Science Monitor*）的編輯丹尼爾．波林博士。這份相當具有分量的平面媒體，在共產黨主政前，曾經在中國福州創辦了相當具規模的

《基督科學箴言報》編輯丹尼爾．波林博士來到聖望教會演講，右為孫理蓮。

波林博士（前排右二）收到民眾的捐款，為樂生療養院興建職業治療室。

孤兒院和學校。撤退之後，有些孩子跟著員工搬到香港，現在在台灣和韓國又陸續成立了好幾間孤兒院。

理蓮立即飛到紐約，熱切地講述種種故事，波林博士聽著，卻不得不打斷：「我們工作量已經超過負荷了。真的不能再做更多。我多希望現在就可以把妳要的一萬八千美元給妳啊！」這投入許多社會救助工作的文字工作者，雙手攤平、眉頭深鎖。

理蓮只得識相地起身，離開之前，還不死心地這麼叮囑：「那麼，如果你收到指定要資助痲瘋病的捐款，會記得今天說的嗎？」

當然樂意。他握著她的手，不過——到處都是「不過」，「必須先把話說清楚，這一類我們沒接觸過，先前也沒有過捐款或物資。如果有收到，就會交給妳。」

幾天之後，波林博士拿到一封信，罕見地大聲讀了出來：「由喬治捐贈，一張一萬八千美元的支票，指名捐給痲瘋病相關工作。」他忍不住彈了彈信件，讚嘆道：「上帝一定在暗中幫助！」

於是在一九五四年，幫助樂生院友重返社會的「職業治療室」正式成立，並由畢嘉士醫師的妻子卡莉負責統籌營運。

舀起自己的那一瓢

罹患痲瘋病所導致的外形缺陷，加上不見容於社會，病友的人生委實像場跑不完的馬拉松，只要意志力稍為低落，很容易就選擇自殺。

夜闌人靜，最常是相關電話響起的時刻。「某某某要自殺，快帶醫生過來。」理蓮叫上司機，開著吉普車，順便半路去接醫生。有時來得及，有時則晚了一步。

有一回是一名外省士兵自殺。她彎下腰問：「為什麼你要這麼做？」口吻就像媽媽的斥責一般。

這年輕人前往南洋時染上了痲瘋病，到台灣後就被強制集中到樂生院。

「因為我得了不治之症；因為我待在這個可怕的地方，沒有機會出去。最重要的是因為沒有人關心我。」

理蓮輕輕地說：「有人在關心著你。這裡不會永遠是一個可怕的地方，而且總有一天會有治癒的方法。」

但沒多久，又一連出現三起自殺案件。

需要，真像大海一樣；而她所能做的，不過舀起自己的那一瓢。

美麗的大箱子

在聖望教會建立之後，第一個人去世的時候，理蓮問禮拜堂的負責人說：「有在禮拜堂舉行安息禮拜嗎？」

「沒有。」事實上別說儀式了，一般院友去世時，只會簡單地火葬，要院友們抗議時，才勉強有一個破舊的箱子放置。

「為什麼？安息禮拜的意思是當基督徒過世的時候，我們送他回去上帝那裡。」理蓮不解。

「樂生院的箱子，不能在禮拜堂裡面用。」這根本是答非所問。也許根本沒有人想過，應該怎麼把痲瘋病人送回到天家吧！

理蓮回家想了很久，想到自己的助理永生。

「我需要一個大箱子，要有很漂亮的雕刻和線條。要方便清洗，還要有輪子，可以輕易地推進去。院友去世了，放進去的話，他們會很欣慰，也會高興在禮拜堂舉行安息禮拜。」她這麼告訴永生自己的構想。

但沒有一家棺材店能夠接下這份工作。

和永生到了傢俱行，理蓮這麼描述：「我們想要一個大箱子，箱頂要有十字架的雕刻，箱子邊邊有花朵的雕工、美麗的線條……」

「什麼地方用呢？」店員問著。

「禮拜堂。」永生答道。

「要放什麼東西進去呢？」

再次搶在理蓮之前快答：「許多東西。」

傢俱行的員工認真地寫上了各式特殊要求。在指定的時間內，這個特別的箱子送到了。還有人給了一塊漂亮的黃色緞面布，理蓮把這塊布按照台灣傳統做成棺材的罩子，「這看起來很光榮。」終於打了美好的一仗，戰士要回家了。

理蓮參加了第一場的安息禮拜。棺材有十字架還有許多花朵，推進禮拜堂，放在聖壇前方。基督徒們聚集唱著詩歌，牧師講道之後，再用詩歌把自己的弟兄送回到上帝那裡。

「我們也想要預訂這副棺材。」有好些佛教徒跟禮拜堂的負責人這麼要求。

「你們又不是基督徒，棺材上面有十字架耶！」

孫雅各（中）在社會救助的工作上與孫理蓮分進合擊，他本身也擔任聖望教會的議長長達十多年。

「可是，這實在是一副好棺材。」佛教徒這麼回答。

然而，這副棺材也數度讓理蓮哀慟欲絕。有一陣子台北地區的牛奶遭汙染，死了上百名嬰兒，理蓮為漢生病患安置的嬰兒也遭到波及，不時會需要小小的棺材。理蓮難過地告訴那些父母親。「我替你們照顧的孩子過世了。」她寧可死的是自己，要別人——特別是相信自己的院友——來承擔，委實讓她於心不忍。

一個嬰兒安息禮拜之後，她的母親走向理蓮，說道：「我丈夫和我知道我們的孩子病了，已經做了最壞的打算。如果孩子去世了，也希望妳不要再為此傷心。」

讓理蓮傷心的事不僅於此。有天早上在禮拜堂裡，她拿到一張帳單，「這是什麼？」

給她帳單的人告訴她：「我們在職業治療室裡辦

了場安息禮拜，我們實在不想讓妳知道。」

那也是一個孩子，曾經感染了漢生病，但很快就治癒了，之後由親戚帶回去。他染病的父親則一直住在樂生院。這孩子回到學校之後，被同學以「你爸爸是痲瘋病人！」等言語嘲笑，才十一歲就自殺了。

「我們做錯了！」理蓮向工作伙伴說道：「不該讓他去有人知道關於他爸爸，或是他以前待過樂生院的地方。」

上帝在照顧你

有天晚上，宣教士宿舍一片漆黑，城市也止住了各式喧囂，四圍如此寧靜祥和。理蓮輕聲低語：「雅各，共產黨會不會攻來這裡呢？」

「不大可能，有美軍的第七艦隊在這裡巡守著。」

「但有沒有可能發生呢？」即使是百萬分之一的機會……

「任何事情都有可能。如果真的來了，我們就馬上必須離開。」

「我很擔心樂生院，每次離開都會想：還有機會再回來嗎？他們該怎麼辦？會變得怎麼樣？」

「不要低估了上帝！理蓮，有時候，我們像是肩負了全世界的命運，但其實不是，我們不過是祂的使者，不代表要以祂的身分出現在世人面前。」

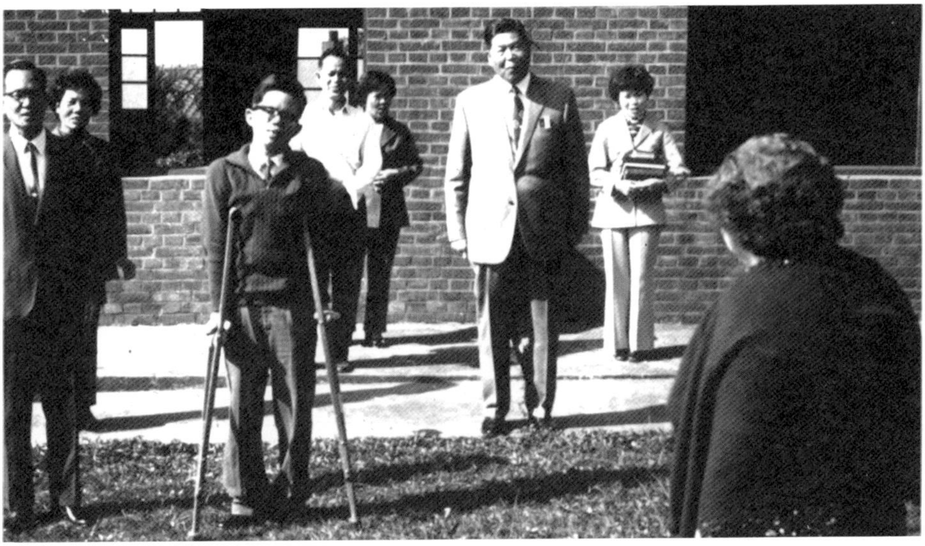

每當孫理蓮（背對鏡頭者）要離開時，樂生療養院的病友都會一齊唱著聖詩，場面令人動容。

之後，在聖望教堂的聚會中，她告訴大家：「我們來學一首新歌，每一次我來探望你們，都可以唱這首歌作為結束。」

她用手風琴伴奏，帶著大家唱道：

境遇好壞是主所定，上帝在照顧你；
站主翼下穩當免驚，上帝在照顧你；
上帝在照顧你，各日在顧，各日導路；
上帝在照顧你，上帝在照顧你。*

這首詩歌也是孫家人第一次離台時，基督徒在火車站送別時唱的，是理蓮最喜歡的一首聖詩。這個傳統一直持續著。每位訪客從聖望教會離開時，最後聽到的都會是這首詩歌，以及病患一齊揮手道別的祝福。

一九五八年，理蓮的英文著作《這是我的同

＊〈境遇好壞是主所定〉，收錄在台語版《聖詩》三四六首。

胞》（*These My People: Serving Christ among the Mountain People of Taiwan*）出版，樂生院友們出錢出力，將此書譯成中文並贊助出版經費，還在中文版的書中刊載了〈敬告全國信主同道們〉一文：

我們是樂生療養院的痲瘋病友，一、二十年前，我們處在最窮困、最痛苦、最絕望的境地。從厭世自殺的事件日日都有，就可看出當時悲慘之一斑。幸得主愛的感召，孫牧師娘伸出同情憐憫的手，以全部精力、時間和思慮，以及巨量之醫藥、衣服和食物，及時支援，拯救我們於死亡邊緣……以紀念孫牧師娘之偉大愛心，也當作我們受恩者的一點報答……

理蓮的付出與關懷，永遠留存在樂生院友們的心中，不論多少時光過去，他們的感動與感謝也不會改變。

27 為孩子建一個家

樂生院很多院友會隨身攜帶與孩子的合照。照片中的院友如此年輕漂亮，如今卻再也無法回復原來的樣貌。還有孩子呢？都到哪裡去了？過得可好？對院友來說，那絕對是比失去完好容顏更大的痛。

是的，痲瘋病人一旦生下嬰兒該怎麼辦？理蓮照例巡視時，正忙著記錄該改善的地方，一名女子抱著嬰兒走了過來。嬰兒整張臉亮晶晶的，在一大片殘缺變形的面容當中，更加突出。女子越走越近，隨即眼淚湧出。

「救救我的孩子吧！救救我的孩子吧！」一邊把嬰兒抱給理蓮。

「她生病了嗎？」理蓮問道。

「她沒有生病，但是我病了。她是個漂亮的嬰兒，不是嗎？」女子扶住嬰兒脖子，讓嬰兒的臉向著光，也好讓理蓮看清楚。「是不是很漂亮？」

「是的。」完全同意。

「如果再待在這裡，總有一天會變得不漂亮的。」病友話到一半，已經說不下去。

繼續跟這些重病院友住在一起，早晚會被傳染，應該趁著年紀還小盡快離開，而且越早越好。但是哪裡可以收容呢？沒有孤兒院會願意，也沒有家庭會接收。問題是，有這麼多嬰兒，總不能都帶回家呀！

「總會有辦法的。」理蓮遲疑了半晌，然後轉身離開。

這種心情一次又一次地出現，但總無法習慣——需要這麼多，能做的卻這麼有限。那晚，理蓮連飯都吃不太下，腦海中不斷浮現嬰兒那花朵般的小臉。

入夜的訪客

幾天之後，理蓮跟工作伙伴們正在貼大型圖片用的卷軸，一個男子的聲音突然響起。

「孫牧師娘！」男子的聲音急促極了，理蓮立即把臉轉向聲音的來源，看見一位男院友正撐著身體要從輪椅上站起來。「牧師娘，我有對雙胞胎的孩子。我太太沒有手，我的手也沒力氣餵他們吃飯或幫他們洗澡。穿衣服不行，連抱都不行……」他的聲音在發抖，「很多院友幫著，但是我們沒辦法這樣下去……」

都說理蓮有辦法得很、總能很快就匯集資源。殊不知遇到這樣的時刻，她比一般人會做的或許只多了一個動作——點點頭。

「你要我帶走？」她緩緩地問出。

男院友滿是疤痕的臉霎時有了光采。他所要的，無非就是這麼小小的接納和正面回應。

理蓮回到宣教士宿舍，低頭端詳自己懷抱著的雙胞胎，實在很難想像：這麼瘦小，到底是

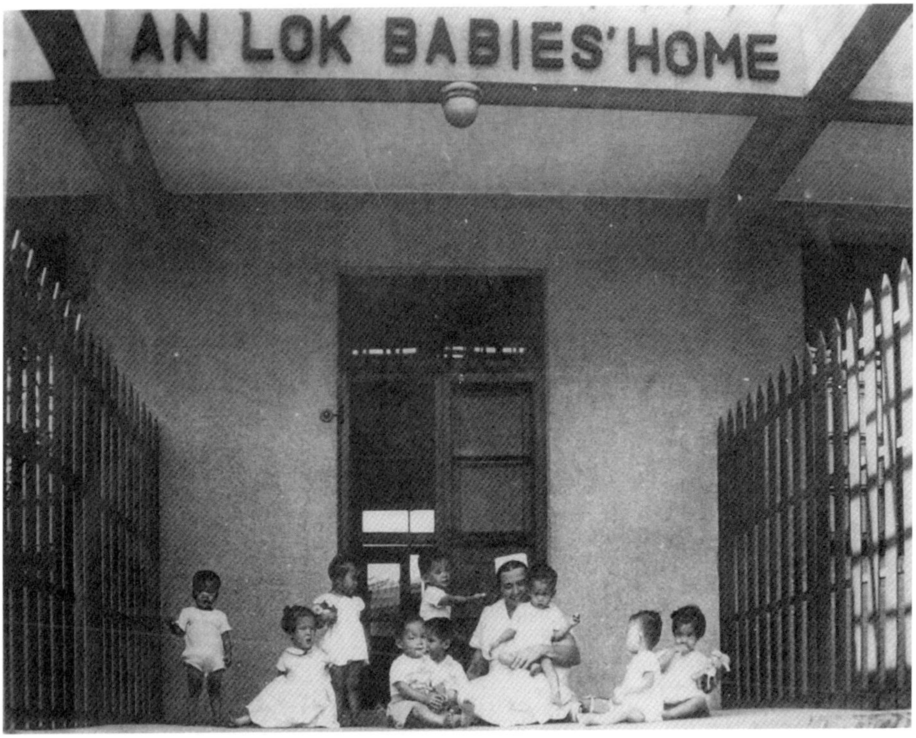

為避免漢生病友的孩子遭到傳染，孫理蓮於一九五三年設立「安樂之家」來收容病友的孩子。

怎麼活過來的？父母親即使病了，也一定想盡辦法照顧他們吧？但接下來怎麼辦？有一名擔任護理師的宣教士答應先幫忙照顧一個禮拜，暫解燃眉之急。

期間，每個朋友聽聞此事，都問了相同的問題：「妳要把他們安置在哪裡？」

是呀，何況這裡是宣教士宿舍，不是孤兒院。

理蓮只好向上帝緊迫地詢問：「你要將他們安置在哪裡呢？」

當然，答案不會突然冒出來，她還有一堆例行性的事務要做，忙得不可開交，甚至到晚上九點了，都還有美國旅客跑來敲「孫牧師宅」的門。以時間來說，是有點突兀，但理蓮照樣接待了。

孫理蓮抱著「安樂之家」的嬰兒。

這名旅客開門見山地表明，他聽過孫牧師娘的事蹟，單純想談談。理蓮說著說著，說到寄居在這裡的嬰兒，因為這與宿舍規範有關，總會也給了些壓力，得想辦法把「嬰孩們」送走。

「我需要可以收容這些孩子的地方。」

聽完之後，這名旅客轉身離去。兩個星期之後，這名「旅客」的電報送到，原來他是遠東廣播公司的威廉．羅伯特牧師（Rev. William F. Roberts）。那天匆促離開，是為了趕搭飛機。他回到美國後，便在廣播節目中敘述理蓮的困擾。他在電報中也提及聽眾們的回響，這麼寫道：「寄上兩千五百美元，開始建設妳的嬰兒之家吧！」

安樂之家與慈愛之家

理蓮用台語唸著：「安樂（An-lok），我們就取這個名字吧！平安喜樂。」

她已經找到一處絕佳的田地，附近沒有房子，只有一座雲霧繚繞的山在遠處，而輕輕搖曳的稻稈在她腳邊。

「我敢這麼做嗎？」她問自己，終於，一個聲音在腦海中回覆了她：「妳無所畏懼！」這是來自上帝的鼓勵。祂一路把她和雅各帶到台灣，從二戰前到戰後，正是為了回應這塊被戰火摧殘得千瘡百孔的土地上，人們的種種需要而來。

買好土地，蓋起建築物。她在每月的募款信上分享了這件事，最後告訴家鄉的朋友們：「安樂之家將在幾個星期內啟用。」

某一晚，理蓮對雅各說起：「我收到一封從英格蘭寄來的信，是一個醫生寫的。他說如果不僅收小嬰兒，也接收大一些的孩子的話，就算他們感染了，也有機會痊癒。換句話說，只要別跟沒感染的嬰兒待在一起，五歲以下的小孩也可以接收，後續再觀察。」

對於曾暴露在樂生療養院一段時間的幼兒，孫理蓮另設「慈愛之家」來收容。

「現在，我告訴妳應該做什麼事情。」雅各用他的口頭禪起了個頭，不過才開頭就說不下去了。「我想我沒辦法告訴妳該怎麼做。」他實在沒辦法想像一個又一個的工作要怎麼進行，哪來這麼多的資源？

「聖經說：『我願你們無所掛慮。』*上帝現在就把愛的毯子覆蓋在我們身

*哥林多前書7章32節。

孫理蓮來到慈愛之家，隨時關注孩子們有什麼需要。

上，安然入睡吧！」

那真是一個平安而美好的夜晚——需要是很多，但焉知在黝暗的夜裡，上帝沒有正在調動萬有？她用信心的眼睛，看到世界哪個角落裡，資源正匯集過來。

是的，任由再怎麼忙碌，都不會忘記上帝是怎麼經由「她」做了許多不可思議的事。她是誰？如果可以選擇，她只希望在彼略湖邊，和雅各有一個小教堂「窩著」就好，也說不定會以秘書或小職員的工作終老。但承蒙上帝的揀選，竟給了她這個島嶼，成為眾人的祝福。

對於大一些的孩子，理蓮則設立「慈愛之家」。孩子們在這裡定期地接受檢查，看看有沒有染病。這裡是由戴仁壽所提供，在他所創立的「樂山園」附近的建築物，很久沒用了，離其他建物又有些距離，可以用圍籬隔出一塊空間，免於孩子們受感染。理蓮把它重新裝潢得美觀又舒適。

一開始有四對父母表明願意讓孩子們住進去，但到了最後一刻，只剩下兩對父母願意。這種糾結的心情可以想見。要把朝夕相處的孩子交給理蓮照顧，怎麼放心得下？又怎麼不會朝夕掛念？但迫於無奈，也只能犧牲天倫之樂，好換取孩子未來一個機會。

道別之際，只見其中一個母親轉頭低聲啜泣；另一個媽媽卻面無表情地站著，渾身透露出絕望。離開父母後，一個孩子不停地哭——即使媽媽已經被病魔摧殘得體無完膚，卻仍是他全世界中最渴望的人；而另一個孩子因為太小了，根本不懂傷心是什麼，一路上只顧著睡。

對理蓮來說，這種堅持不啻也是一種折磨嗎？只能盡可能地做她能做的。「用愛和關懷悉心照顧，並給予營養食物和良好環境，也有宣教士和專業護理人員用心的關懷。」理蓮在信件中提到：「每次探訪都是一次令人心碎的經驗，一個媽媽問道：『妳能偶爾帶他們回來讓我們看看嗎？』他們一輩子被禁錮在那樣骯髒、陰鬱的地方，孩子是生命中唯一的希望來源。」

有一個母親說：「如果妳能拍一張我孩子的照片給我，我每晚也許就能讓臉緊挨著它，安心入睡，也不至於一直哭了！」

真是好主意！隔天理蓮就帶著攝影師，為孩子拍照。

非常地愛

每三個月要把孩子帶回去給父母探望，比一開始的分離更困難。起先理蓮擔心，相隔這麼

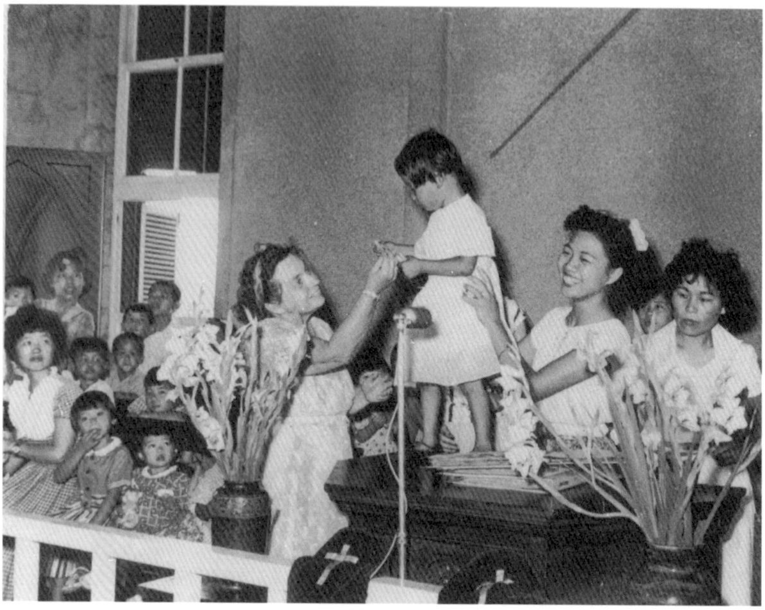

由於孩子太過嬌小，必須將他們抱上講台，好讓父母能清楚地看見。

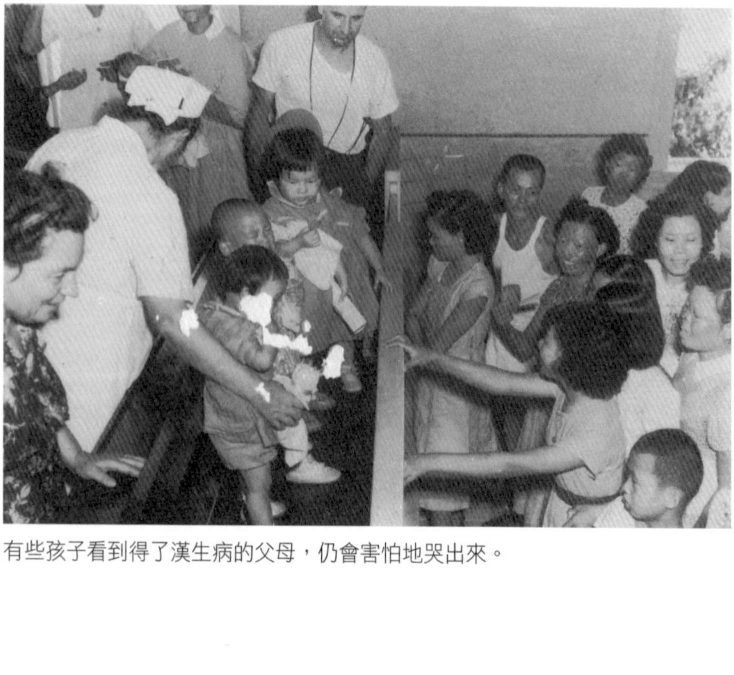

有些孩子看到得了漢生病的父母，仍會害怕地哭出來。

久，萬一壓抑太久的情緒一時爆發，父母會不會不顧一切地搶過孩子。但一個院友這麼說：「妳不需要擔心，他們非常地愛自己的孩子。」

在漢生院的禮拜堂裡，孩子們坐在講台上，輪流被抱起來給父母看。大部分孩子還太小，不能理解當下的情形，只睜大無辜的雙眼往下看著台下頻頻抬頭的人們；父母親則仰著臉，無比渴望地端詳，不想錯過任何相見的寶貴時光。

一個六歲的女孩知道發生了什麼，看到自己的爸爸沿著禮拜堂的走道接近並綻開微笑時，哭了出來。那位爸爸趕緊走到遠遠一側的梁柱後面，無聲地流淚。

負責照顧的員工知道，對父母親來說，孩子生活中的點點滴滴，不論大小都很重要，所以他們會在講台上報告。員工指著一個女孩說道：「這孩子每晚在睡覺時都會不斷喊著媽媽。」女孩的媽媽是誰？報告的員工並不曉得，但理蓮知道。只見媽媽熱淚盈眶地轉過臉來。

當安樂之家的嬰兒達到十五個，而慈愛之家也已多達二十五個時，最實質的影響是，理蓮開始大量採購衣物、鞋子。她祈禱著：「親愛的主啊！我有這麼多的請求！請不要覺得煩。祢引領我們來到台灣，不會半途而廢，鞋子和睡衣都是這進程中不可或缺的。」她向來務實極了。

被收養的孩子

有孩子需要照顧的，又豈止是樂生院。

二次大戰結束之後，中國大陸民眾陸續移居台灣，等國民政府撤退到台灣時，大批外省

孫理蓮與養女美蓮的合影。

民眾如潮水般湧來。在混亂之中，骨肉分離，食物跟資源總是處於貧乏的狀況。五〇年代，每一間孤兒院都擠得滿滿地。

有一個機構，每星期竟然平均有五至七名嬰兒死亡。問題是機構也不想要這樣啊！但嬰兒充其量不過是「附屬品」，根本沒有專門照顧的機構，使得嬰兒們往往死於缺乏照顧及衛生條件不佳。

這一天理蓮在孤兒院，看到一個小嬰兒因身體不適，小腳踢啊踢地。

一名工作人員面無表情地說：「可能活不久了。」

理蓮雇用了一個婦女來照顧，不料過了幾天，嬰兒的燒仍然不退。幾乎是本能反射一般，理蓮抱起嬰兒：「我要帶她回家。」

她也果真這麼做了。這小女嬰被取名為「美蓮」（Bi-lian），發音近似「美齡」

的台語發音，也就是蔣宋美齡女士的名字，她與理蓮素來交好。

後來，遵循了台灣和美國兩地的法律，美蓮被雅各和理蓮所收養。

另一個於一九五四年被收養的孩子是「孫摩西」，他被遺棄後，被警察輾轉送到台中的嬰兒之家。被送來時，他身上戴著小小的十字架。據理蓮說，雅各被告知時的反應，是「結巴了一會兒」，但立刻就接受了這個家庭的新成員。

28 打赤腳的小犯人

那個時代沒有人知道共產黨會不會攻過來，廣播中倒不時接收到對岸的恫嚇：「當我們拿下台灣，有一百萬的人會死。」使得台灣緊繃到「匪諜就在你身邊」，任誰都有嫌疑。

一個星期天晚上，理蓮的戶外佈道正要結束，和她一起去的一位女子突然急促地說：「台北一個警察局裡，有二十五個孩子，或者更多。」她邊說邊緊張地緊握雙手：「我認識那裡的負責人，可以讓妳進去……也許妳會想要和那些孩子談談。」

「有需要的時候，我會讓妳知道。」理蓮拿起手風琴，便去搭計程車。

畢竟身在台灣，如何會對大環境不了解？

當晚，她就和雅各討論這件事，「我不想管這種事，有戒嚴令，你光是斜眼看人都會惹上麻煩。」「對啊，走進警局，不就像羊入虎口一樣嗎？

「仔細想想，妳不是要去見那些警察，是要去見那些孩子啊！」雅各提醒她。

「這……」有那麼一瞬間，理蓮無言以對。

後來，女子第二次詢問時，理蓮便把握機會，進到那分局。

監獄主日學

在分局裡，只見那些孩子剃了光頭、衣衫襤褸、打著赤腳。理蓮用手風琴教他們唱歌，講點聖經故事，禱告之後結束。

幾個星期後，她聽說台北郊區有一間更大的看守所，有更多的孩子。這次輪到她主動了，帶了一大疊聖誕卡片就跳上計程車。

監獄是一棟老舊的建築，和工廠連在一起。

看守者極度警戒，理蓮急中生智，把原先要取悅孩子們的聖誕卡片一股腦兒全部塞進看守者手裡，才順利走了進去。

第一印象是地勢很低，地板也沒墊高，牆上還有水位的高度線，地上到處積水，泥濘不堪。

「怎麼那麼髒呢？」每個人都該乾乾淨淨的，不是嗎？

「沒有水可以洗澡！」

接下來，她竟看到犯人從排放大小便的溝渠裡，汲水煮飯。理蓮心情憤慨了起來。犯人也當有人權，更何況都是小孩，能觸犯多嚴重的法律？

她懇求監獄的典獄長：「我希望能夠每星期來探訪，並且辦主日學。」

確認了時間表之後，典獄長表示：「星期天早上七點半可以，在孩子們去織布廠工作前。」

「我會準時到！」之後，她每個星期造訪。

理蓮很快地發現，孩子出現在那裡，根本不是因為偷東西或做了壞事，只是因為沒有身分證而已。

「身分證很重要！」雅各完全了解整個環境的嚴峻：「如果警察不仔細檢查的話，共產黨很可能就會滲透進來！」

「但他們也許只是在換褲子的時候，忘了把證件拿出來而已；有些孩子還是和軍隊或親屬一起從中國過來的，本來就沒有身分證啊！卻被警察當作遊民抓了起來。」

沒有身分證明而被拘留的，以三個月為限期。期滿時，除非有大人來保，不然就一直關在裡面。警察也因為忙而沒能一一聯絡父母家屬，很多人也不知道孩子的下落。

有一個孩子本來是被判刑三個月，卻關了七年！就因為他是孤兒，一直沒有人來找他。

五歲的銀行搶匪

有一次監獄主日學，理蓮和助理永生早些到達了，發現有個男孩被綁在椅子上，眼睛腫得幾乎張不開、臉上還掛著剛哭過的淚痕。

「他一定不到四、五歲……」理蓮轉向一旁的警衛問：「這個孩子為什麼被綁起來？」

警衛有點不知如何啟齒，頓了一下，「他一直想跑……」

「他被指控什麼罪名關在這？」

「銀行搶匪。」

「一個銀行搶匪？」太荒唐了，理蓮失聲叫道：「這個小男孩？」

結果第二天，那孩子竟然真的跑掉了，理蓮搖著頭，哀傷地說：「才五歲，他不知道外面只是個更大的牢籠，只會繼續被人追捕。」

這時，理蓮倒是知道可以做什麼了。首先，得好好去把監獄清潔一番。為了讓孩子們不用踩在泥濘上面，先在每棟建築之間蓋走廊。「沒聽過有人會把錢花在這樣的工程上面，但那是我自己的錢，我想應該不礙事兒。」她對雅各說。

白寶珠（坐著抱嬰兒者）協助孫理蓮照顧孤苦無依的孩子們。

接下來是修補床鋪，然後和工作伙伴們粉刷監獄內部。

對理蓮來說，乾淨的衣服也是生活必需品。但等一下，還有更重要的事，「明天我想帶孩子們出去。」她對典獄長說。

「做什麼？」他問。

「洗澡！」

美籍宣教士白寶珠（Marjorie Ingeleiv Bly, 1919-2008）＊那天暫時充當理蓮的助理，帶著孩子們浩浩蕩蕩去到一座滿是鴨子的池塘，理

＊人稱白姑娘或白阿姨，是美國籍宣教士及護士，長年在台灣及澎湖為漢生病患者及其家庭服務。

蓮依稀記得：「我們替他們抹上肥皂，然後就讓他們自由地去游泳！」一共洗了五次，才洗了個乾淨。

馬偕醫院的戴爾醫生（Dr. Dale），也被找來為孩子做健康檢查，發現大部分都有疥瘡，或感染了砂眼。

又一次，理蓮去見典獄長：「如果有擔保人，這些孩子就可以出獄對嗎？」

「沒錯！」

「那我就是他們的保人！」

典獄長把視線從桌上厚厚的文件往上移，透過壓低的鏡片，仔細打量了好一會兒，然後以關切的口吻問道：「為什麼？」

「總得有人來做吧！」

「妳要知道，光是安排這些孩子出獄就很費時費工，要寫很多書面資料。」

「我多的是時間！」理蓮說。

為了確定把孩子保出來的過程一切順遂，她甚至動用了美援會的職員，並鄭重地介紹給典獄長，強調他們都是「協會裡的大人物」。

在工作伙伴們的幫助下，孩子們陸續出獄，被送回家。

一位三輪車伕受理蓮之託，把男孩送回台南鄉間。到達時，整個村莊的人都跑出來問道：「誰找到他的？誰帶他出來的？」三輪車伕說：「這是基督徒為這社會的奉獻。」

兒童之家

在兩年內，總共保釋了兩百五十個孩子，有家人或是親屬來領回的，還是比較幸運的。有些孩子根本無處可去，連踏出監獄都沒辦法。

「沒有地方可以收容他們。難道，我要去跟孩子們說，再等幾年嗎？」理蓮對雅各說。

雅各嘆了一口氣，「幾年之後，也不再是孩子了！」

孫理蓮彈奏手風琴，帶領兒童之家院童一同唱詩歌。

當皮爾斯博士在一九五三年造訪時，理蓮特別帶他走了一趟監獄，說明眼下遇到的問題。他一口答應道：「如果有上帝的幫助，我願意扛下這個重責大任！但妳要給我兩個月的時間，幫我一起在美國募款……」

「我可是沒有號召群眾的魅力，不過是個老宣教士罷了！」理蓮說。

「還不只喔！」皮爾斯給了她大大的鼓舞：「是一個願意身體力行的老宣教士！」

兩個月後，他果然為「兒童之家」

兒童之家的孩子幫孫理蓮過生日，孫理蓮笑得很開心 。

院童們來到孫理蓮家中，一同享用聖誕節大餐。照片攝於一九五七年。

募足了款項，把孩子一個一個帶出來，第一階段足足有四十五個孩子，到最後達到兩百個。皮爾斯往後抵台，一定盡可能找時間看看他們，或者請他們吃一頓火雞大餐。

「兒童之家」的人數很快就超過負荷，理蓮因此另外設立「兒童之家別館」，安置這群無處可去的孩子。在這些孩子求學期間，甚至是到大學，兒童之家仍然可以是他們的容身之處。即使在尋找第一份工作時，這裡也是孩子們強而有力的後盾。

因此，每到農曆新年，許多離院的孩子都會像大多旅居在外的人一樣，拎著行李回到他們的家——兒童之家——來團圓。

也有孩子就在這裡的禮拜堂結婚，理蓮連蛋糕都親手布置。

天生殘缺的小賢

很難想像那個時代竟會有兒童監獄，而對兒童照顧向來不遺餘力的高甘霖，是最常和理蓮造訪監獄的人之一。他幽默而純真，讓人在兒童監獄中面對實際的悲慘狀況時，可以稍稍得到舒緩。

有一天早晨出發前往監獄前，理蓮說：「我們接觸到的總是在前段牢房，從來沒見過後面的人，我很好奇那裡有些什麼。」

「我告訴妳我們該怎麼做，到時候我們就跟牧師走出禮拜堂，假裝迷了路，直接往後走就對了。」高甘霖說。

到了監獄，就如事先說好的那樣，兩人待了一陣子，他便耳語道：「現在是消失的好時候了！」

理蓮跟著他離開，兩人走過走廊，再穿過好幾道門。走著走著，高甘霖的笑容消失了，腳步沉重了起來，到後來甚至像是刻意擋住去路。理蓮探頭張望，只見門裡面擺著一張張床，上面各躺著一個人，發出不和諧的聲音或做著奇怪的動作，原來是一群精神異常的患者。獨獨一個約莫四歲大的男孩，一臉愁苦卻動也不動地注視著訪客，順著他坐的桌子往下看，有一雙先天畸型的腳……應該矯正過一兩次吧，但一看就知道不能正常行走。

「這不是出去的路，你們走錯地方了！我帶你們出去吧！」有個警衛突然出現。

時間太短了，短得理蓮來不及反應，但腦中有個聲音喊道：也許我們找對了地方！

當天晚上，再怎麼努力，那一張傷心臉孔，總揮之不去。才四歲的孩子，面對突然跑進來的人，怎麼會一動也不動？

隔天早上高甘霖來時，用奇怪的眼光看著理蓮說道：「看得出來妳昨晚也沒睡好，我找昨天一起去的那位牧師，我們再去看那個男孩。」

走進監獄，看到牧師正把孩子抱在懷裡。

「他叫小賢，是個孤兒……」牧師說。

「你怎麼把他弄出來的？」理蓮問。

牧師解釋說：「就是攙扶著，就帶出來了。」理蓮聽了不禁失笑，根本沒人管嘛！

小賢被帶到馬偕醫院。幾天之後，理蓮來看他：「小賢，你想要回到監獄嗎？」

男孩不作聲，只用手順了順乾淨的白色床單，回答道：「這張床好軟喔！」

理解這孩子之前只睡過硬木板，理蓮摟著他瘦小的肩膀說道：「我們會好好照顧你。」這是承諾。

醫生認為男孩畸形的腳有機會再拉直復原，「前後共需要兩年的時間。」醫生提醒道。

「如果可以改變一個孩子的一生，那兩年算得了什麼！」

等「兒童之家」完工後，小賢的腳也矯治好了，住進了兒童之家。

29 流浪兒的歸處

一九五七年一個早晨，此時理蓮早已不再單打獨鬥，有了一些工作伙伴，總部在台北市的「基督教芥菜種會」也已經正式運作。孫牧師宅的電話再度響起，她趕緊小跑步過去接。

「我是孫理蓮。」她的聲音頓了頓。「喔，當然，我立刻過去。」說完掛上電話。她抬起頭來，攤攤手，有點苦惱地對工作伙伴們說道：「要我去監獄接一個嬰兒，監獄怎麼會有嬰兒？」眾人也都納悶：對啊，怎麼會？

到了監獄才知道，女受刑人如果沒有地方安置孩子的話，五歲以下是可以帶在身邊的。當時社會男主外女主內，丈夫是主要經濟來源，所以一旦丈夫犯罪，為了家庭生計考量，有些妻子便會頂替入獄；另外，也有因為兒子施打嗎啡，母親頂罪結果被判了十二年。當然也有女性是直接犯罪涉案。有一個女子因男子闖入家中意圖攻擊，回擊時失手殺了對方，自衛殺人被判了六年刑期。

女受刑人因著種種因素入獄，重點是五歲以下的幼兒乏人照顧，往往就跟著住進鮮少陽光灑進、人人臉面愁苦的陰暗之地。

「那根本不是嬰兒或小孩應該待的地方呀！」理蓮立刻決定要怎麼做。

孫理蓮將女受刑人的幼兒帶出監獄，並在一九五七年設立「愛心育幼院」來扶養。

監獄嬰孩

負責接待理蓮的典獄長，招集了獄中的媽媽，說道：「把妳們的孩子交給孫牧師娘吧！她會照顧的。」

把孩子交出來？女受刑人們驚恐地看著典獄長，又把視線移向理蓮，孩子要被帶走嗎？孩子之所以帶在身邊，就是不相信他人會照顧得比自己更盡心的呀！萬一被賣掉怎麼辦？台灣八成以上的娼妓都是小時候被推入火坑的，那麼自己的小女孩會不會也這樣？她們又害怕又焦慮，只能無助地睜大眼睛，緊緊抱著小孩。

理蓮完全能夠了解，特別站出來用台語說道：「我自己也是為人母的，也能體會妳們的感受。妳們怕我帶走孩子，就再也見不到。如果讓我照顧的話，我保證每隔幾個星期，會帶他們回來給妳們看。」後來，造訪監獄果然成為理蓮禮拜天的重要行程，她會帶著鮮花、手風琴和牧師前來，照例說聖經故事，帶她們禱告，用行動讓女受刑人知道，孩子們都很安全。

也可以想見，理蓮絕不會只是做做樣子，她這邊看看、那邊看看，連天花板的日光燈不夠亮也留意到，自己找人來換燈泡，這是後話。

理蓮到女子監獄的當天，就有八名小孩交到她手中。為了安置這些孩子，她在「安樂之家」旁，設立了一處「以樂以樂」（Iro-Iro）育幼院，也就是日文「各式各樣」的意思。這間育幼院又被稱為「愛心育幼院」。

早期主要收容監獄受刑人的孩子、孤兒、棄嬰以及越戰華僑的孩童，以女童偏多；到了六〇年代中期，一直有兩百多名院童。

一九七〇年代末期，合併了專收男童的兒童之家與兒童之家別館，院區收容的對象漸趨多元。到了二〇一七年為止，歷年收容人數逾三千人。目前愛心育幼院仍然在新北市持續收容院童的工作。

保護孩子的方舟

理蓮的工作推展如火如荼，想想看，以她視所有救助工作為家內之事的心態，如果裡面有人受傷，豈不也如同慈母般難受、流淚？有一次「以樂以樂」的四個孩子因為偷錢被帶了過來，畏畏縮縮地，唯獨帶頭的個兒最小，卻最桀驁不馴地抬頭斜睨。理蓮自然生氣，剛要開口，順手翻了孩子的背景資料，發現帶頭的孩子母親死了，父親因竊盜罪尚在監獄服刑中。其他孩子也都來自貧困家庭。

「不要再做這事。你們知道這是不對的。」理蓮這麼說。

帶頭的孩子轉身離去時，故作鎮定向同伴說道：「我早知道不必怕的！」卻偷偷回頭看了

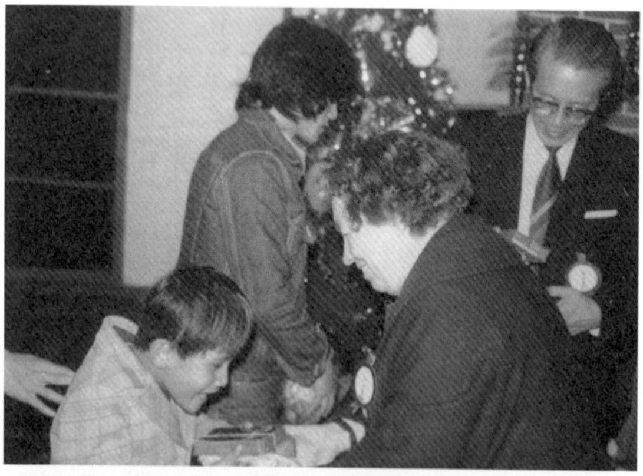

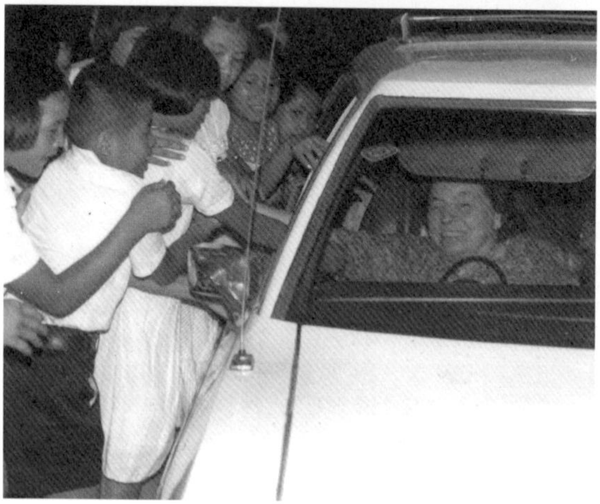

右上：孫理蓮來到愛心育幼院。
左上：每到聖誕節時，孫理蓮都會化身「聖誕老婆婆」到育幼院發禮物。
左下：當孫理蓮要離開愛心育幼院時，院童在車旁道別。

理蓮一眼。

一九六三年，葛禮樂颱風造成台北大水災，「安樂之家」洪水每五分鐘就漲一尺高。眼看逃命是來不及了，無論嬰兒、幼兒或殘廢的小孩，全都被送到天花板上去。九個保姆帶著五十多個孩子蹲在天花板上撐了一晚。每個大人必須緊緊拉住五個孩子，最終還是有兩個跌進水中溺死，令人心痛不已。而「以樂以樂」鄰近「安樂之家」不遠，但地勢高，只淹水數尺，孩子們來得及到隔壁的二層樓房去避難，因而逃過一劫。

過去曾被安置在愛心育幼院的離院生，帶著自己新生的嬰兒回來見孫理蓮。

一連好幾次颱風肆虐，令台北盆地治水的壓力陡增，政府著手規劃洩洪路線。打開報紙一看，什麼？「第二洩洪路線」竟然對著「以樂以樂」而來，那裡可是有二百二十個小生命呢！問題是兩百名孤兒和市區二百萬多人口，相形之下又算得了什麼！

是啊，孤兒連父母的保護都沒有，宰割由人，遑論面對龐大的國家機器了。

儘管連一塊錢的預算也沒有，還是於一九六九年擬定了「挪亞方舟」的機構藍圖。第一筆捐款竟是遠從瑞士的基金會寄來的，而且還指定了就是要做這個用途。上帝果然是眷顧孤兒寡母的神。一步一步地，靠著主日學及教會團體捐獻的「磚頭購買計劃」，終於把房子建造起來。理蓮再三提醒，洩洪計劃如洪水猛獸，所以一定得盡可能蓋得紮實些，每一條生命可都是耶穌所珍愛的呢！

「挪亞方舟」在那些年提供了躲避水災颱風的護庇，後來轉型為職業輔導教室，讓青年前來學習英文和打字——這便是典型理蓮和芥菜種會的工作推展方式，有什麼需要就做什麼，務求讓資源被極大化地運用。

少年之家

一段對話發生在一九六〇年的孫牧師宅。

「我聽到警方說有一百多名孩子在街頭流浪，他們偷東西或是打零工維生，晚上就用紙箱當作遮蓋物，睡在街邊或車站裡。一百多個！」理蓮說道，伴隨著緊皺眉頭的表情。

「我聽到有個市民團體，打算指派委員會調查青少年犯罪這件事。」雅各回答。

「委員會總是要花一輩子的時間才能把一件事做好！而且可能做完調查就交差了事。不能再等了，我一定要採取些行動。」

談話畫上句點。

五〇年代晚期，都市地區的問題一一浮現，特別是街頭青少年結黨犯罪日益嚴重。這些街頭青少年不只是孤兒，也可能是離家出走、不見容於家庭的。他們流落街頭的結果，一則可能為黑幫所吸收，成為黑幫的一員；次則可能從事色情行業。因此理蓮在打造「以樂以樂」、「兒

為訓練院童在出社會後擁有一技之長，少年之家開設職業訓練所。

童之家」等孩子的庇護所後，也在台北市區打造流浪少年的「少年之家」*。

問題是誰敢搬進去呀？前腳一踩進去，警察不就後腳跟進來了嗎？豈不等同於自投羅網？誰知道這什麼「孫牧師娘」會不會是警察派來臥底的！少年們長期在街頭搏鬥，個個像小獸般機警、敏感，對體制絲毫不信任。

理蓮想到：「他們以前可能還被警察追過、打過。得先讓他們知道，我們只想要幫助而已。」

結果一位牧師的女兒想出了辦法。有天晚上她上，完音樂課要回家時，看到六個孩子睡在紙箱內，便前去輕輕拍打紙箱，叫醒說：「有一個更棒的地方，如果想去，你們都可以過來。」

紙箱睡起來實在不舒服，一個孩子偷偷說道：「如果她是要騙我們去警察局，我們還是跑

＊一九八八年後，「少年之家」搬遷至花蓮，收容由社政單位或地方法院委託安置、家庭失功能或親人無力撫養的兒童及青少年。

左下：孫理蓮與少年之家院童一起享用聖誕蛋糕。攝於一九七〇年。
右上：孫理蓮參觀少年之家的樂團。
右下：孫理蓮至少年之家發放聖誕禮物。

得掉，先跟她去看看。」

這些孩子到了理蓮準備的地方，有了久違的安穩夜晚。第二天還吃了熱呼呼的早餐。

「怎麼會有人願意為我們做這些呢？」一個男孩不可思議地驚呼著。

那六個男孩從此待下來了，成為少年之家的第一批「住客」。他們也到街頭把其他少年人找去住少年之家。

理蓮還聘了教會牧師來教導聖經，協助青少年們如何與家人溝通，或許可以回歸家庭；其次廣招大學生來擔任義工，幫助課輔、爭取升學機會；至於不想讀書的少年，則有技藝訓練大樓來提供職業訓練，他們可以學木工、油漆、木刻、竹工或理髮等，擁有一技之長。

有一個成員，住進來時不過五歲，因為餓了，在大庭廣眾下偷了兩根香蕉，而被水果攤的老闆打到身上滿是瘀青，後來看到人就躲。住進「少年之家」後，有天他被警察問到：「你家住哪？」

「我少年之家來的啦！」回答的語氣驕傲得很。

有一天晚上，理蓮回到家時已經天黑了。忽然一個人影衝出來擋住了她，話像連珠炮一樣，唯恐她不肯停下腳步聽。

「我從前住在少年之家，現在白天在工廠工作，晚上去學校。可是我一隻手被機器絞傷了，妳能幫助我嗎？」語調顫抖而迫切，看得到手臂用帶子吊著。

「我們當然會幫助你的。明天早晨你到辦公室來吧！」

第二天這孩子被送到醫生處，安排住院，一度就留在芥菜種會幫忙，晚上繼續他的學業。

左：對許多院童來說，一年之中最期待的就是聖誕節收到孫理蓮發的禮物，以及暑假到萬里營地玩耍。
右：一九六五年，孫理蓮在新北萬里海邊開設度假營地，使育幼院的孩子可以在暑假時來玩耍。

這件事讓理蓮高興得很！這孩子曉得回來求助，知道她會幫助他，顯示了孩子心底是信任她的。

盛夏之愛

孩子們的需要實在很多，理蓮也總想給他們更多一些。她於一九六三年的募款書信上這樣寫道：

少年之家的一些男孩問我：「如果我們去參加並通過初中考試，進入學校之後，我們還可以繼續去海邊嗎？」沒有任何事情比這更能使我開心了！

到了一九六四年，她在書信中敘寫的字裡行間，更是洋溢著開心：

昨天晚上我去海邊，少年之家的孩子在那裡剛度過一個五天的假期。他們曬黑了，快樂的生活，神采奕奕地圍著我，得意洋洋地說：「我們一天游泳兩次。」他們看起來是如此地乾淨、快樂和受呵護，以至於我希望在海邊能有一個營地。

彷彿可以見到她寫信時嘴角的笑意。果然，到了一九六五年，在新北市的萬里海邊，就建好一個營地：

坐落於山坡上，可以看到極佳的海景。尤其到了夏天時，藍色的海浪配上白色的沙灘，更是風景宜人。即使是現在的天氣有點寒冷，有些少年之家的小男孩還是會脫去上衣，開心地往海裡衝。

這裡臨近翡翠灣，芥菜種會安置的孤兒、少年，都可以在暑假時來到這美麗的海邊，玩上一個禮拜。暑假之外，其他團體也可以租借。

對理蓮來說，衣服不只蔽體，總得有蕾絲刺繡，錦上還要添花。每個人都是奇妙的生命個體，所需要的絕不是基本的溫飽而已。舉凡想得到的，就盡可能去做。少年人都喜歡玩水啊！開心而安全地玩，這是基本人權，享受生命更是上帝的旨意。

30 沒被看到的地方

以教會為據點，除了山地、嬰幼兒、監獄之外，理蓮與宣教士們（如高甘霖、徐賓諾等）也會到各處，為貧苦大眾進行醫療工作。

「我常常會到台南神學院去，有一次和學生們到鹽田一帶，妳去過那裡嗎？」一位美籍人士在電話中這麼對理蓮說。

「沒有耶，我一直在忙著山區的事情。」電話這端這麼回答。

「他們那裡有種嚴重的病，叫做『烏腳病』，一犯了病，都要截肢。但是截肢之後，就不能工作了。妳看看能不能想個辦法，提供病房之類的，這樣手術之後起碼有個地方可以待著；再看看做些職業訓練，就算動了手術，也能賺些錢。」

「我會想辦法。」理蓮沉吟道。

失去雙腳的人

那通電話開啟了理蓮在台南北門鄉的醫療參與。

等她親自到訪北門時，就發現那裡實在太「鹹」了。大部分人家都沒有漁船，人們年復一年地赤腳踩在鹽水裡工作，即便是小小傷口都容易潰瘍惡化。乞丐坐在狹小的巷弄裡，腳或腿已經發黑了。

很多故事連想像都不能夠。有一個人一隻腿分七次，被一次又一次地切掉。另一個盲人則是腳趾、腿、手指都沒了。有一個男人要送去醫院時，腳上的壞疽臭到連計程車司機都不肯載，必須付加倍車資才行。還有一個二十一歲的女孩，腳和手指都沒了。另一個二十三歲的漂亮少婦，才結婚四個月，烏腳病發作不到六個禮拜，卻已經要截去兩腳。她的丈夫親自背著她

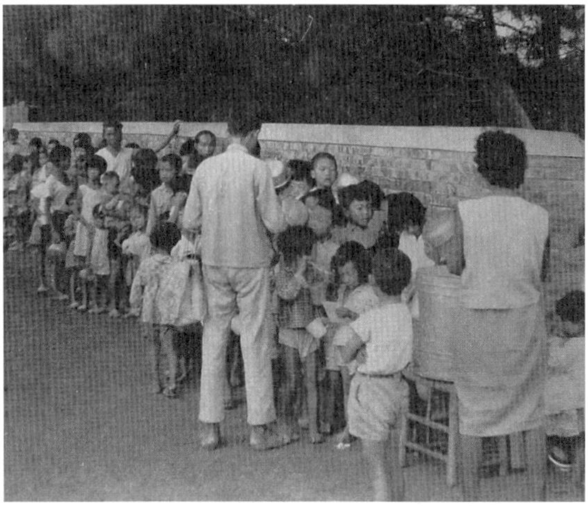

為了預防烏腳病，孫理蓮在全台設立二十五處牛奶供應站，讓孩童能補充營養。

孩童拿著鍋碗瓢盆，排隊領取牛奶。

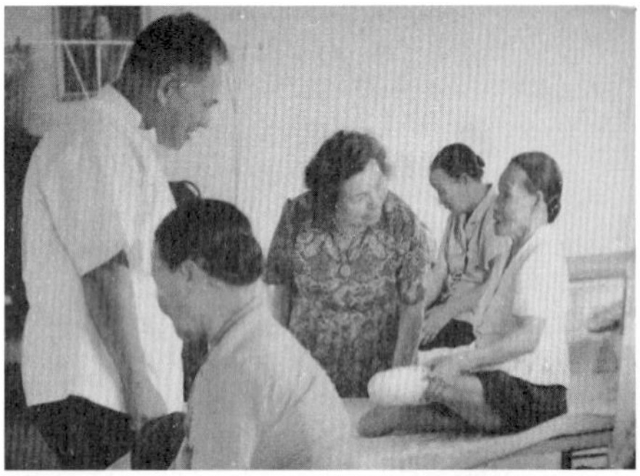

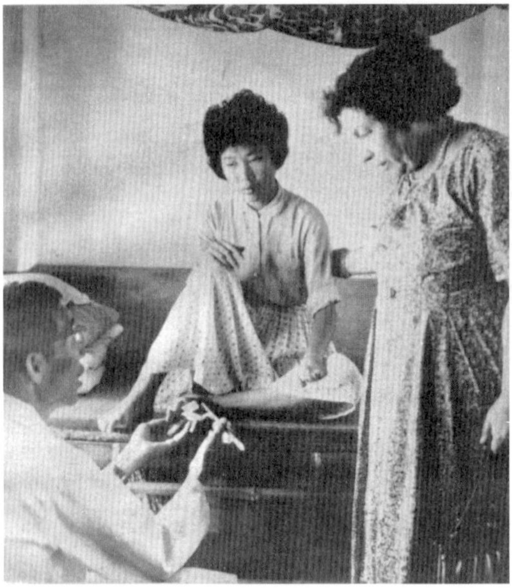

左上：孫理蓮前往探視烏腳病病友。
左下：免費診所由王金河醫師（左）主責，他正與孫理蓮一同向患者說明感染的情況。
右上：謝緯醫師（右）是烏腳病治療的鐵三角之一，有「台灣史懷哲」之稱；董大成醫師（左）則是孫理蓮（中）重要的醫療顧問。

去開刀，又背著失去雙腳的她回到病房，這麼勇敢、這麼相愛。

理蓮的醫療顧問董大成醫師說：「目前還沒有人能痊癒。不管造成的原因是什麼，營養不良可能是背後的主因。」

也因此，一九六〇年開始，一袋又一袋的救濟奶粉直接送到南部。有工作人員會把牛奶調好並加熱，分發給帶著杯子前來的小朋友。一個星期還能補充三次的維他命、魚肝油。最後在沿海地帶共設立了二十五處牛奶站，受惠兒童達六千名。

為了照顧兒童，用現有的房子建立了幼稚園，裡面傢俱是竹製的，理蓮聘請了老師，準備好幼教器材。

憐憫之門

謝緯和王金河兩位醫師＊也被找來幫忙，與理蓮是早期烏腳病治療的鐵三角。他們在北門鄉設立了「憐憫之門」免費診所，由王金河醫師主責。

王金河醫師是台灣烏腳病的權威，他這麼敘述病徵的發展順序：「初期，病人也許會提到腳趾或是手指冰冷、發麻、發癢，呈現藍色、皮膚敏感、感熱知覺上的病變。之後會出現嚴重難耐的疼痛。如果環境比較乾燥的話，感染部分就會變得像木炭一樣又黑又硬，甚至直接從肢

＊謝緯醫師（1916-1970）主事外科，同時也是台灣長老教會的牧師，有「台灣史懷哲」之稱。王金河醫師（1916-2014）為烏腳病貢獻一生，有「台灣烏腳病之父」之稱。

一九六〇年，孫理蓮在台南北門鄉設立「憐憫之門」免費診所。

體脫落。比較潮溼的案例，會散發出惡臭。還有些食慾降低、失眠、精神錯亂等。就算截肢也不能保證病症不會再復發。」

那時台灣可是沒有健保，生病就醫是一大筆費用。免費診療是莫大的福利，就診的患者極多，一天平均有三百名。長於外科的謝緯醫生，每星期六也會帶著幹練的護士來施行手術——對烏腳病唯一的治療方法，只有把患部切除或鋸掉而已。

直到研究發現，水源可能是問題所在，烏腳病治療才露出一線曙光。經檢測後，北門一帶水中的砷元素含量，已經超過人體所能接受的最高標準。飲水改善後，烏腳病方才得到控制。

要給誰用？

得知烏腳病的成因之後，工作很快調轉方向，集中力量在幫助已經截肢的人要如何獨力謀生的課題——手工藝中心和職業訓練是兩大方向。

理蓮還一度配合美援，幫助鋸過腳的患者學習草蓆編織。負責人告訴理蓮：「有的人比較能幹，一天可能賺到十六元工資；但有的人眼睛昏花了，一天只能賺六元至八元而已。」

有一天，芥菜種會收到幾部手搖縫衣機。

「這些東西要給誰用呢？」理蓮好奇地問。台灣已經普遍使用腳踏的縫衣機，連電動的都有了，手搖的早就該淘汰。

答案揭曉：「給沒有腳的烏腳病患者用最好。」工作伙伴這麼提醒她。

「這個當然，我真忘記了！」理蓮從這件事再度發現，比捐贈之物更重要的，是人們對手中工作的熱情參與，集思廣益比一個人想得更周到，也讓資源得到更好的運用。他們是上帝差派來的天使，而她自己不過是上帝選擇送東西的經手人。

王金河醫師娘毛碧梅主持庇護工廠，帶領烏腳病病友製作草蓆。

為烏腳病病友訂製的手搖式自行車，可以依靠自己的力量移動。

一位從商的朋友問說：「妳到底有沒有停下來的一天啊？」

「有任何停下來的必要嗎？」理蓮問：「你認為上帝有辦法提供兩塊錢的話，祂會沒辦法支付三塊錢嗎？或者是面對挨餓、生病的

徐賓諾（中）是孫理蓮（左）重要的工作夥伴，埔里人尊稱他為「埔里阿公」。

孩子，祂難道會說『你不需要操心，你已經做得夠多了』嗎？有任何的祈求和心願是上帝束手無策的嗎？如果這些是祂該掛念的，那為何不也是我們該關心的呢？」

為埔里灌注資源

挪威籍的徐賓諾一直是理蓮在樂生療養院的工作伙伴。當他輕聲說「我最好一起去」時，就知道他願意同行並提供協助。

到了一九五〇年代中期，為了更貼近原住民的需要，徐賓諾搬到埔里，理蓮因此買下一塊地，並負擔病房、食物和藥品等費用，成為埔里基督教醫院的創辦人之一，早期每週奉獻一萬元。

一九五一年，台灣每人年平均國民所得為新台幣一千四百一十二元，平均月薪為一百一十八元。要這樣在埔里每月奉獻四萬元，等於當時一般人將近三十年的薪水。

那時芥菜種會已經成立，完全靠奉獻收入來維持，的確是一大筆開銷。

「埔里每週都固定需要一萬元，就像打鼓的節奏一樣固定。又到了星期六，要匯錢了！」

後來，皮爾斯博士負責的世界展望會，接續了相關資金的贊助。這種資源交棒的接力運作，讓今日的埔里基督教醫院仍在中台灣散發著溫暖的醫療宣教光芒。

待產媽媽之家

有關未婚懷孕的女性，理蓮稱之為「待產媽媽」，意思是她們只是預備要生產而已。這些未婚懷孕的女性，很多還是少女。曾經有位加拿大籍的醫師告誡，這些少女連發育都還沒完成，生產過程容易出現併發症；很多情況下，男方甚至是家族中極具聲望或受到信任的人，使得這些少女根本不敢告訴家人，整個孕期都獨自承受各方的責備，還要冒著生命的危險生產。

位於花蓮的「待產媽媽之家」走簡潔明亮的風格，使未婚懷孕婦女能在此安心生產與休養。

孫理蓮帶著美籍認養人來到待產媽媽之家。

一開始，理蓮將她們收留在自己家裡。後來於一九七〇年，在距離花蓮馬利亞產院不遠處籌建了「待產媽媽之家」，由日籍助產士負責管理這兩個機構。這些地方都離門諾醫院很近，有緊急情況可以很快把人送到醫院去。

即使到了相對開放的二十一世紀，未婚生子仍然存有一定程度的陰影，何況在七〇年代的台灣？孩子產下後，通常會選擇將他們送養。理蓮這麼告訴一對美國夫妻：「如果神要讓你們收養孩子，就會有孩子為你們出現。」她所創立的芥菜種會，前後安排過將近一百組的收養，完全沒有收取任何費用。

某次，在花蓮前往台北的飛機上，一位空姐戳了瑪莉安一下並說：「我等會兒回來，我有事找妳。」

空姐？會有什麼事找？瑪莉安一頭霧水。過了不久那位空姐轉回來了，開心地說：「妳不記得我了嗎？我曾經住過你們的『待產媽媽之家』啊！」

第五部

播下第一粒種籽

自一九五一年起，孫理蓮每月都會對外寫募款書信，忠實呈現她在台灣的所見所聞以及芥菜種會的需要。

31 文字募款的先行者

「記得寫信回來！」一九二七年，雅各和理蓮即將去到遙遠的太平洋彼岸時，親友不斷叮囑著。其實理蓮早就養成了寫信的習慣，這讓她得以排解初期的思鄉之情，維繫與瑪莉安、萬福的關係，後來更成為傳達需要、引進資源的重要管道。

一開始，並沒有預定的寄信時間或對象，當理蓮有了足夠的郵資，或是有想抒發的大小事時，便會寄出一、兩封。她說道：「一開始，我只寫給親戚和朋友，有時他們也會建議我寄給不同的人，我便增加寫信對象的名單。」先是增加一些副本，一信多式。慢慢地，隨著名單加長，便用複印機來複印信件內容。

平日忙，理蓮通常在深夜時或者一大清早，坐進自己的小書房，用打字機一字一句敲出每天的所見所聞、心情想法。

寫下去的動力

一九五一年，理蓮開始每月固定寄出印刷信件，也陸續被波林博士的《基督科學箴言報》

孫理蓮在自己的小書房裡，寫出一封又一封的信。

所刊載。這無疑是一種正向的催促力量。對理蓮來說，寫作逐漸成為一種自我對話和鼓勵，另一方面也是對讀者的感謝與回饋。她寫道：「每個月寫給這麼多朋友，就像個美好的心靈出口，使我們能免於被異鄉生活的孤獨過度侵擾，神學生們都會幫我複印，如果你們知道有人有興趣，我可以再寄出更多……」

還有另一個寫作的動機：「大多數宣教士都遵循著傳統的方式進行，似乎沒什麼人想要突破或變動，連在戶外舉辦的活動或是主日學課程，都變成非比尋常。」理蓮的種種作為，套句現在的話來說，就是「另類」得很。她藉由提筆書寫來和親友們商討，聽取他們的意見，之後隨著支持者與捐款者不斷增加，也有必要藉由書信說明行動的緣由與主張。

「一開始提筆時，我並沒有概念有人會

寄來捐款。」理蓮這麼說。

陸續收到捐款後，她得開始面對的，是如何讓「每一毛錢都發揮最大的價值」。有多少錢，做多少事；有多少事，也一定會想辦法募到多少錢。

小婦人觀點

理蓮的文字書寫，受益於大學時期英文教授格倫・克拉克的教導，加上她對文學的喜好，連搭車、搭飛機時，詩集、散文總也不離身。這使她的書信字裡行間情致纏綿，能夠引發閱讀者情感的共鳴。

誠然她的文筆優美，但這也不過是最基本的前提。在四、五〇年代，無論歐美國家或台灣，信息傳達以文字為主流，文字書寫是否能讓讀者感覺如同「親臨」，才是文字與書信傳達是否成功的關鍵。

理蓮的書信，一則文筆流暢、傳達出個人情感且易於閱讀；次則受益於她的「小婦人觀點」：立足於聖經暨清教徒的思維，但極少長篇理論的敘述，更多使用知名作者的短詩、精練短句來形塑意境與感動——這或許可以追溯到她在英屬圭亞那時期，在食物罐頭蓋子上貼小紙條所形成的習慣？

和其他人相比，她的書寫更傾向於具體的描述，以及她個人對事情的處理與策略：

有一個美國機構想要成立一間孤兒院，我們要幫這些孤兒照些相片來引起他們的關注。永昌試著在孤兒院幫他們照相，可是那些孩子們看起來很害怕，且僵硬地很不自然。所以我要把他們都邀到這裡，讓他們玩遊戲，然後跟著手風琴唱歌，在草地上野餐，看看我們能不能照到一些比較自然的相片。

不「文以載道」，也不高舉標語，而是把收信者當成家人——事實上，理蓮原本就是寫給家人的。後來這種家人間閒話家常的親暱，便成為她書信的基調。也因著閒話家常、無所不談，陳穀子爛芝麻的事都可以成為話題，使得亞熱帶台灣的真實生活能夠詳實呈現於歐美讀者眼前，落實了「天涯若比鄰」。

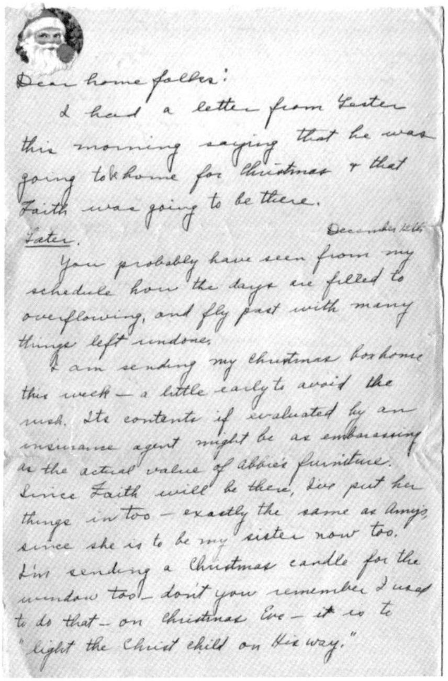

Dear home folks:

I had a letter from Lester this morning saying that he was going to home for Christmas & that Faith was going to be there.

Later. December 12th

You probably have seen from my schedule how the days are filled to overflowing, and fly past with many things left undone.

I am sending my Christmas box home this week — a little early to avoid the rush. Its contents if evaluated by an insurance agent might be as embarrassing as the actual value of Abbie's furniture. Since Faith will be there, I've put her things in too — exactly the same as Amy's, since she is to be my sister now too. I'm sending a Christmas candle for the window too — don't you remember I used to do that — on Christmas Eve — it is to "light the Christ child on His way."

孫理蓮寫給美國好友的親筆書信。

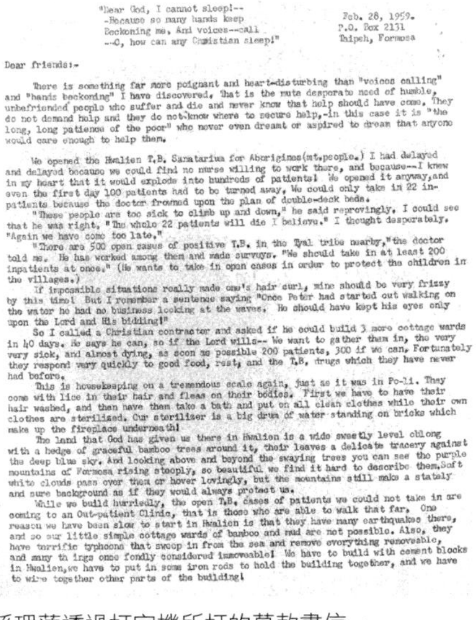

"Dear God, I cannot sleep!--
-Because so many hands keep
Beckoning me, And voices--call
--O, how can any Christian sleep!"

Feb. 28, 1959.
P.O. Box 2131
Taipeh, Formosa

Dear friends:-

There is something far more poignant and heart-disturbing than "voices calling" and "hands beckoning" I have discovered. That is the mute desperate need of humble, unbefriended people who suffer and die and never know that help should have come. They do not demand help and they do not know where to secure help,-in this case it is "the long, long patience of the poor" who never even dreamt or aspired to dream that anyone would care enough to help them.

We opened the Hwalien T.B. Sanatarium for Aborigines(mt.people.) I had delayed and delayed because we could find no nurse willing to work there, and because--I knew in my heart that it would explode into hundreds of patients! We opened it anyway,and even the first day 100 patients had to be turned away. We could only take in 22 in-patients because the doctor frowned upon the plan of double-deck beds.

"These people are too sick to climb up and down," he said reprovingly. I could see that he was right. "The whole 22 patients will die I believe." I thought desperately. "Again we have come too late."

"There are 500 open cases of positive T.B. in the Tyal tribe nearby,"the doctor told me. He has worked among them and made surveys. "We should take in at least 200 inpatients at once." (He wants to take in open cases in order to protect the children in the villages.)

If impossible situations really made one's hair curl, mine should be very frizzy by this time! But I remember a sentence saying "Once Peter had started out walking on the water he had no business looking at the waves. He should have kept his eyes only upon the Lord and His bidding!"

So I called a Christian contractor and asked if he could build 3 more cottage wards in 40 days. He says he can, so if the Lord wills-- We want to gather them in, the very very sick, and almost dying, as soon as possible 200 patients, 300 if we can. Fortunately they respond very quickly to good food, rest, and the T.B. drugs which they have never had before.

This is housekeeping on a tremendous scale again, just as it was in Po-li. They come with lice in their hair and fleas on their bodies. First we have to have their hair washed, and then have them take a bath and put on all clean clothes while their own clothes are sterilized. Our sterilizer is a big drum of water standing on bricks which make up the fireplace underneath!

The land that God has given us there in Hwalien is a wide sweetly level oblong with a hedge of graceful bamboo trees around it, their leaves a delicate tracery against the deep blue sky. And looking above and beyond the swaying trees you can see the purple mountains of Formosa rising steeply, so beautiful we find it hard to describe them.Soft white clouds pass over them or hover lovingly, but the mountains still make a stately and sure background as if they would always protect us.

While we build hurriedly, the open T.B. cases of patients we could not take in are coming to an Out-patient Clinic, that is those who are able to walk that far. One reason we have been slow to start in Hwalien is that they have many earthquakes there, and so our little simple cottage wards of bamboo and mud are not possible. Also, they have terrific typhoons that sweep in from the sea and remove everything removeable, and many things once fondly considered immoveable! We have to build with cement blocks in Hwalien,we have to put in some iron rods to hold the building together, and we have to wire together other parts of the building!

孫理蓮透過打字機所打的募款書信 。

雞毛蒜皮的滋味

寫信的量越來越大，理蓮開始隨身帶著筆記本，速記一些想要傳達的內容，還有她所目睹痲瘋病及親臨當地部落的各式事件與心得——一個月從近五十封，迅速攀升到百封。

從早期思鄉之情的抒寫，到生活點滴的分享，逐漸地，理蓮也開始審視分析自己的書信內容。有個月她告訴讀者：「我的書信不是結構嚴謹、內容生硬、要你絞盡腦汁思考的那種；而是我生活中的一小片段，在這小小世界中相交產生的軼事。每一天碰到的挑戰，都令人更加興奮；儘管我每晚身心俱疲，但卻也很滿足，因為我知道這都是為主付出……」

當時因為資源有限，出版的書籍大多是四平八穩的「經典」，文字敘事風格也大多屬於嚴肅的類型。與此相比，理蓮的書寫內容實在是相當地「非主流」與「跳脫」，也因此洋溢著趣味；此外還具有大傳媒體運用文字時的敏銳度，例如她於一九四九年寫給瑪莉安的信件中，如此描述自己在「窮人之家」舉行主日學時所看到的一幕場景：

有一個剛剛會走路的小男孩，手上拿著一把大扇子走來走去。我真希望有一台照相機可以照下來，我會把照片標上「再沒比這更涼爽」——不穿上衣再加上一把扇子，這似乎已經是極致了。

試想，這樣一幀四、五〇年代可謂「台灣滿街跑」的尋常到不行的景象，對歐美溫帶國家的人們來說，是何等新奇、有趣且具亞洲情調？理蓮的美籍人士觀點，亦讓她如同駐派台灣本地的記者，報導真相，成為台灣的歐美之眼。

欲罷不能的書信募款

由個別紙本書寫，到了一九五一年開始印刷，書信進行量化。先是雅各的神學院學生幫忙，後來開始有了工作伙伴加入，特別是「芥菜種會」創立之後，員工都會協助處理每月要寄送的信件。這些工作伙伴的加入，使得各式社會救助推動更加迅速，因而形成一種由個別到群體帶動的正向循環。

每個月要寄出的信，也發展出固定的流程：印製、摺疊、放進寫好收信人住址及姓名的信封、貼上郵票、彌封、送去郵局……等等。

本來，寄信作業照著這個 SOP 走就行了。但是理蓮發現，郵政總局發行了各種小面額的郵票，花樣別出心裁，貼上去好看多了。這樣的想法付諸實際，變成有上千封信，每一封都必須用手貼上三、四

芥菜種會的員工一同協力處理要寄送的募款書信。

張小郵票。工作伙伴們只得拿來大刷子，一次把漿糊刷滿整排郵票，然後在漿糊乾之前，撕下一張張小郵票貼到信封上。後續相關作業也因為這項浩大工程而停滯、中斷。就單單是為了多這麼一點精美、一點點講究——理蓮對收件者的用心，就隱藏在這些小地方裡。收到信件的每個人，光是看到信封，就感受到滿滿的驚喜與誠意。

當一九五四年，瑪莉安大學畢業「回到」台灣時，被理蓮那隨性的郵寄清單（以及隨手放在檔案夾裡，依開頭字母順序排列的名字）給嚇了一跳。實在沒時間整理，最後不得不淘汰油印，而改採平板印刷來進行。

數量多時，曾經達到每個月五千封航空郵件、兩萬封平信。其他印刷文宣，例如針對獄友而發行的「聖經函授課程」、《山光雜誌》等，根本難以估算——那真是個平面媒體百花齊放的時代。

32 芥菜種會的誕生

隨著理蓮寄信的名單不斷增加，捐贈到台灣的金錢及物資也越來越龐大。一位來自美國加州的朋友愛莉娜．多恩（Eleanor Doan）這麼建議理蓮：「妳應該找人簽約，或是成立一間公司擴大營業。」

「我不想改變模式，我就是我！」理蓮反對。

「人們捐了錢卻不能有所得稅減免，這樣很不公平。應該有些方法來回饋。」

這麼說是有幾分道理。理蓮也考慮到，以當時身邊需要幫助的人來看，在台灣任何人都可以找她；反倒在美國，她根本無從措手，或許有了正式機構，可以幫助更多的人。

名稱的由來

有一天，高甘霖牧師正好來訪。這位加拿大籍宣教士始終與理蓮一起從事孤兒照護、山地醫療團、樂生院、監獄等，連身為護理人員的高牧師娘 June Straite 也負責管理「安樂之家」，對工作知之甚詳。

在高甘霖（右）的鼓勵下，孫理蓮（左）成立了基督教芥菜種會。

對著自己長年的工作伙伴，理蓮喃喃說道：「假如真的有一百萬元，而且能夠自行運用的話，我想要創立一個宣教團體，不一定要陣容龐大，只要幾個真心投入的人就夠了，像是醫療團這樣『把上帝的愛付諸行動』，單純地去做眼前的工作，跟隨聖經的教導。」

理蓮拿起一本書，大聲唸誦：「每個問題都有解決的辦法，即使你可能想到的是完全相反的事物；永遠別喪氣地說：『我已窮途末路了！』唯一擋在你和成功之間的就是你自己，你以偏見、固執、不知變通的方式看事情。」

她有點激動地說道：「這不就是一些宣教差會的弊病嗎？」

高甘霖笑道：「問題是，在信仰上，他們和妳一樣正統呀！」

「神學上要正統，但是執行方面則要變

通。要根據聖經，但不要呆板得要命，凡事只想到『規定』。我希望一有工作，就去做。先了解有哪些基本需求，才相對容易碰到真正的需要，那往往才是最深層、最根本的問題。」理蓮經過幾年的投入，已經有了觀察與理解。

她繼續說道：「重點是，必須會變通、能屈能伸，有人帶著特殊需要來，我們不會推托說：『這不在服務的範圍，很抱歉，不能處理。』舉凡那些沒有人為之挺身而出的、沒有人照料的，就是我們服務的對象。」她嘴角的笑意越來越濃。

「已經想到這樣，為什麼要等到有一百萬的時候呢？就算沒有錢，也可以先創立機構再說。」高甘霖的平靜，讓理蓮像是服用了定心丸般，讓機構設立的方向更加確定。

那一天，在高甘霖的鼓勵、刺激之下，理蓮把這個「夢想」中的機構，一步步具體化。

「總要給這個機構起個名字吧！」高甘霖指出。

「一定要包含信仰，因為信仰如同一顆小小的芥菜種籽……取名叫『芥菜種』怎麼樣？」她翻到聖經〈馬太福音〉第十七章第二十節：

你們若有信心，像一粒芥菜種，就是對這座山說：「你從這邊挪到那邊」，它也必挪去；並且你們沒有一件不能做的事了。

台灣的需要，的確很像一座大山呢！

「這會不會是第一個用聖經經文來作為名稱的公司行號？」高甘霖笑了。

為了使海外捐款人能夠減稅，孫理蓮（左一）在哥哥哈洛（左二）協助下，於美國加州成立 TheMustardSeed,Inc.（即芥菜種會）並登記立案。

一九五二年，「基督教芥菜種會」在台灣成立了，日後也成為全台第一個正式立案的社會福利團體（向內政部立案則是在一九六二年）。

一九五四年一月四日，理蓮與哥哥哈洛（曾任職律師的財務專員）在美國加州成立了基督教芥菜種總會，這樣一來，捐款人都能得到美國的所得稅減免了。

正統中的非正統

緊扣正統神學，但做法則不拘泥小節。極度的實務導向，是理蓮處世及解決問題的原則。

在她創建的「兒童之家」，這些孩子難免有些壞習慣，為了修正，她決定提倡有益身心的活動，於是買了兩匹馬給他們騎。

孩子們愛死這兩匹馬了，但負責人認為馬吃這麼多，卻什麼事都不用做，只要成天站著，又羨慕又嫉妒。後來理蓮來這裡巡視，發現那兩匹馬瘦得要命，連地上的草都吃光了，只好向上伸長脖子，去吃樹上的葉子，結果連樹上的葉子都快吃光了。

身為一個視馬為好友的牛仔，雅各怎麼也無法坐視。等理蓮入夜回來後，他著急地問：「妳怎麼處理那兩匹馬?」

「噓!」理蓮低聲警告道:「我把牠們帶回了,別擔心,牠們在車庫裡——我有把門鎖好,不會有人發現的!」

怎麼可能不被發現?雅各對馬是熟到不能再熟。「妳不可能把兩隻馬藏在車庫裡,卻不被人發現。」他非常確定地說。

孫理蓮買了兩匹馬給兒童之家的孩子騎,照片為孩子學習如何騎馬。

「總不能讓牠們餓肚子吧!」理蓮嘟噥著:「再說,現在是雨季,不會有什麼人在外面的。」

理蓮用了整整一個星期,用麥麩和魚肝油把馬兒養得健健康康的。等雨勢較緩,太陽重新露臉後,再讓馬出去戶外吃些青草。

某個晚上,有個宣教士來到孫牧師宅,對理蓮說:「妳知道嗎?今天我往窗外看出去,對自己說:『外面那動物明明不是馬,但為什麼牠跟馬長得如此相像?』」

「是馬沒錯啊!」理蓮說:「我這幾天正在努力養胖牠們。」

把馬帶回兒童之家後,理蓮特別嚴格要求要好好餵養,但是不出幾個星期,其中一匹夭折了。不信邪,就再買一匹,不管怎樣,總還會有兩匹。其中有一匹在平

芥菜種會早期位於台北市重慶北路的辦公處，照片攝於一九五八年。

在芥菜種會辦公處的一樓，設有提供給窮人的免費醫療診所。

安夜的話劇中，讓孩子們騎在上面，當東方博士戴著鬍子走出場時，台上的孩子忍不住用手肘推著對方竊笑，因為那人臉上的鬍子是馬尾巴的毛做成的。

側目進行式

芥菜種會早期的辦公室位於「孫牧師宅」。等一九五六年雅各負責的台灣神學院搬到陽明山（當時名為「拔仔埔」）之後，芥菜種會也跟著「進駐」。理蓮說：「從一間小小書房開始，慢慢收回樓上出借的臥房和隔間，你在每一扇門後面，都會看到秘書或是某人在工作。」

神學院的教職員們，對於每天進進出出、來回奔波的工作人員也漸漸習慣了。直到有一次，為了收容一對無家可歸的母子，必須將二樓迴廊封起來時，這明顯違反建築法規的做法，讓神學院的師生們很難不對理蓮的「行徑」加以側目。但不久他們就習以為常，因為另一件讓他們側目的事件又發生了，他們也很快知道，這樣的事以後還會不斷發生。

理蓮曾在日記裡，以聖經中「五餅二魚」的故事來自我警惕。她這麼寫道：

如果當時那位小孩沒有把手中的魚和餅，分送給挨餓、貧窮的人，而只一味想著：「我先留一會兒，等一下再發出去。」萬一耶穌突然出現，用責備的眼光看著他，那麼那孩子能夠承受得住嗎？耶穌會不會說：「我把這些給你，就是要你分發出去，怎麼反倒自己收起來了呢？」

理蓮知道，所有東西都是上帝賜予的，所以她從不看自己有多少，而是想著可以給多少。她總是想盡辦法把所有的東西給出去，這便是「正統中的非正統」的精神。

33 先給再說的哲學

做這麼多救助工作，絕大多數時候又只有「五餅二魚」的資源，但在「先給了再說」的基本思維下，理蓮寫好一張支票後，便必須想辦法湊足要支付的錢。

有一天，理蓮的助理林純蓉跑到理蓮的書桌前，興奮地說：「孫牧師娘，我們可以貼郵票了！」

「但我們沒有錢買郵票了，那些信寄不出去。」理蓮回答。

林純蓉一直記得，買郵票需要兩萬元新台幣。

當時台灣通貨膨脹極度嚴重，早先原本一封航空郵件只需要八萬圓舊台幣；但幣制改革＊後，卻暴升為十元新台幣，相當於四十萬圓舊台幣，郵資漲了整整五倍。那兩萬元新台幣的郵資，相當於五百美元，對由募款來支持營運的芥菜種會來說，是不得了的負擔。

林純蓉有點小緊張，但某種程度也已經習慣了：時常在發薪日前一天，理蓮銀行帳戶裡的錢還是不夠，但也不知為何，等時間到了，錢就是會自己「長」出來。但怎麼「長」、從那裡「長」，都是個謎。

孫理蓮（左三）開心地看著滿載的物資。

毛巾捲裡的紙鈔

在林純蓉與理蓮對答之際，一名打理總務的員工從廚房走出來，剛好聽到這件事。

「不是有錢嗎？」那名員工邊用圍裙把手擦乾，邊走向理蓮，說道：「孫牧師娘，妳有錢啊！就在壁櫥裡。」

「壁櫥？」理蓮趕忙站起來跟過去，只見那名員工伸長了手臂，在壁櫥上層又是摸又是抓的，終於拿下一卷毛巾。毛巾一拉開，正有兩大疊紙鈔。

理蓮倒抽一口氣，在員工的提醒之下，她想起來了：「三、四個星期前，我有多的錢，就想：該放在哪裡？小偷絕對不會想到去壁櫥裡找，所以我就直

＊一九四九年台灣進行幣制改革，將舊台幣換成新台幣，也就是俗稱的「四萬換一塊」。

芥菜種會的員工正在處理堆積如山的物資與包裹。

接包在毛巾裡放進去。」

那筆錢剛好夠支付那個月的郵票錢。

另一次，同樣快到月底了，照樣沒錢。想到薪水還沒著落，大伙兒心情多少受到影響。差十分鐘就要吃午餐了，突然間，不知從哪裡冒出來四個人，竟然拿了一袋又一袋的錢走進來；還有一個早先欠芥菜種會錢的人，也不知在地球哪個地方存入了一筆錢。

有一天早上，一個年輕工作伙伴問道：「今天要匯一大筆錢到診所，我們根本沒有錢！該怎麼辦？」

「今天還沒結束！」理蓮神態自若地說。

結果在當天下午，真的有另一筆捐款匯進來。

沒幾天，同樣的情況又發生了，換成理蓮坐立不安起來。

「今天還沒有結束！」換成那個年輕人提醒她。

這種「看天吃飯」的態度，也影響了芥菜種會周邊的人，包括郵件收發的郵局員工。

他發現理蓮信箱是空的時，會這麼回答：「妳的信還沒到！」而不是：「沒有妳的信！」

是呀，好多信正在路上，好消息就快到了。

上帝送來的吉普車

理蓮早期訪視樂生療養院，總借用加拿大長老教會總會給雅各使用的吉普車，次數多了，難免有人看不過去。

「明天總會的人，會來我們家來開會。」雅各這麼告訴她，沒想到他話鋒一轉，又道：「我聽到風聲，他們不希望妳把吉普車用在非宣教的事務上面。」

「但沒有其他人在用這輛車啊！連你都沒在開！」

「這我同意。」雅各苦笑著說：「但殘酷的現實是，這並不是妳的吉普車。」

果然，第二天的會議就往這個方向討論。不過「吉普車」三個字還沒被搬到檯面，理蓮就被叫出去接收電報。

「由世界展望會贈送給妳的吉普車。」真是一陣及時雨。世界展望會正是理蓮熟識的皮爾斯博士所負責的。

當她再回去開會，決議已經做出來了。一名成員有點歉意地說：「孫牧師娘，我們剛剛決定妳不能再使用吉普車了。」

「沒關係喔！」理蓮的反應，連雅各聽到時都嚇了一跳。

理蓮笑盈盈地走到雅各身邊，「唰」地晃過那張電報，小聲地說：「這難道不是上帝事先給我的好消息嗎？」

雅各也笑了，向總會成員說道：「說的也是。現在如果還有任何人想使用這輛吉普車，連

瑪莉安在大學畢業後回到台灣，加入芥菜種會的救助工作。照片攝於一九五四年。

我都會驚訝。」

挪來挪去的錢

「全部都是天父的錢，我們只是挪來挪去！」在實際運用時，宗教派別和國籍的界線早已消失。基督徒們秉持信仰，向著認同的使命前進。彼此之間互相提供車子和用具，是司空見慣的事。曾經擔任兒童佈道家的莎莉．詹姆士（Sally James）要搬去香港之前，乾脆把打字機送給理蓮。

美籍宣教士歐森（Olsons）夫婦要退休了，也把汽車送給芥菜種會。

在申報所得稅時，這部汽車被列入資產清單。幾年後，負責資產清查的會計長向理蓮問起：「歐森夫婦的汽車怎麼了？」怎麼不再出現在清單上呢？

理蓮怎麼也想不起來，會計長卻緊盯不

放。到了某一天的半夜，她終於想起來了：原來是退休後的歐森夫婦又回到台灣，車子已經還給他們了！

但大部分的事情，並非都這麼容易解決。所謂神蹟，指的是生活中不尋常的事，超過正常邏輯的思維，發生的可能性很低，完全無法揣測何時會發生。

瑪莉安大學畢業後，和夫婿唐華南都加入芥菜種會。有一天瑪莉安收到郵件，和理蓮及會計核算信封裡的支票金額是否足夠支應待付的帳單。對完帳，收支完美地打平。眾人心想：真是太好了。

第二天早上他們才驚恐地發現，原來是算錯數字了！

「但是，總算因為不用為錢發愁，而睡了一頓好覺呀！」理蓮下了結論。她多的是想錢想破頭的時刻呢！

34 留下來的事物

理蓮在台灣從事各種社會救助，雅各是她最強而有力的支柱。他那輛由總會提供的綠色吉普車，多年來「借」給理蓮用的結果，是理蓮一拿到什麼物資，就往車子裡丟；甚至「孫牧師宅」的衣櫃裡，只要有放了超過一個禮拜的衣物，也會被丟進去。有一回，雅各發牢騷地說：「理蓮，妳可以找出一條我能穿的褲子嗎？」

「我有留過一條適合你穿的，但我發現有人比你更需要它。」理蓮幾乎面無表情地說。

另一次，理蓮看到雅各和負責家務的女孩婉如，正在為一件衣服「拔河」。

「那件和服太舊了，一定得丟掉。」婉如果斷地說道。

「這件衣服一點問題都沒有，我不會把它交出來的。我已經穿了二十年，還打算再穿二十年！」雅各更是堅決。

那件和服最後下落不明，但按機率而言，只有兩個地方可以去——樂生院、原住民部落。

雅各曾經調侃地說：「我們每件東西似乎最終都去了那裡！」一九六七年他去世時，家裡找不到一套完好的西裝和沒有破的鞋子，入斂的衣服還得靠台灣神學院的校友臨時想辦法。

至於理蓮身上值錢的東西，更是早就給的給、送的送；當她年老時，身上的項鍊是用不值錢的軟木做成的。理蓮去世後，瑪莉安在整理遺物時，看到她睡的兩條床墊都破了，綿絮外露，即使拿去資源回收，也不會有人要。

探望孩子的機票

雅各與理蓮一結婚就離開美國的家人、親友，遠渡重洋來到台灣，甚至在二次大戰後再次回台時，為了讓兒女接受教育，萬福和瑪莉安也被分別安置在美國不同地方，不能時常見面。理蓮曾經說過：「如果你處在危險之中，一定要和家人在一起，否則你們可能一分開就是好幾年。」或許就是出於這樣的經驗，才會讓她發出如此感嘆。

因為長年分開，家人間必須靠書信聯絡感情，使得理蓮的資訊有不少都是從她寫給瑪莉安的信件中獲得的——想想看，對著自己的兒女，她該有多少話想說啊！

每一次休假時，孫氏夫妻都盡可能花時間陪陪孩子。瑪莉安滿十六歲後就回到台灣，萬福則一直留在美

萬福、瑪莉安與孫理蓮攝於一九五〇年的聖誕節，
這時的萬福尚未得到小兒麻痺症。

一九八二年，萬福（坐輪椅者）在孫理蓮返美演講募款時病逝。半年後，孫理蓮也離開人世。

國，讀書、就業而後結婚。

一九五二年的七月，一封電報放置在理蓮的小書桌上，只有幾個字：「萬福患了小兒麻痺！」

「我應該回美國探望萬福嗎？」她問雅各，感覺家鄉從沒這麼遙不可及過。

「我們要等到明年才有假期。」他回答的語調格外溫和而低沉。

當晚，理蓮整夜難眠。她知道，萬福的妻子露易絲・佛利（Lois Forrey，一對宣教士的女兒，萬福在大學三年級時和她結婚）一定會陪在他身旁；她也明白，並沒有額外的經費能夠支付她回家的旅費。只是，她到底是位母親，要她不把孩子放在第一順位，該有多不容易啊！

即便只是看看他、在他身旁為他祈禱都好，何況萬福是那個曾讓她在夜裡提心吊膽、不能安睡的小嬰兒；是那個要人哄著才肯入睡的牛脾氣小孩；是曾經目不轉睛地注視轟炸機飛過台灣上空的好奇小男生；是在圭亞那的叢林裡，心不甘情不願練著鋼琴的少年……他只和他們一起生活了十四年的時間，甚至越到後來，腦海裡的印象也變得模糊起來，他們見面的次數實在太有限了……

儘管知曉萬福有保險給付，也明白他不想被輪椅所拘束，仍然在努力完成碩士學位，更確信輪椅不能影響萬福的選擇……但那一夜的艱熬是如此之甚，以至於理蓮幾乎無法想像，自己還能為宣教使命做出多大的犧牲。

日後萬福來台休養，身體狀態一直不好；在台灣神學院的校區裡，他總是坐著輪椅進出，蒼白著一張臉。一九八二年，理蓮要回美國募款前夕，萬福住院，醫生評估病況並不嚴重，所以理蓮還是飛往美國。沒想到飛機還未著地，萬福即已安息。這件事與雅各去世，同樣成為理蓮心中難以釋懷的傷痛。

應該給多少？

前面說過，理蓮和雅各幾乎把自己有的所有東西都送去了更需要的人手裡。為了救助人們，他們給出了很多，也捨棄了很多。

在二戰前，理蓮曾經在日本神戶買了一套極為精緻的日式茶杯。從上面看下去，杯子底部是白色的；但如果向著光線看，就會浮現一個日本女性的臉龐。理蓮心愛極了，「我手提著那些杯子，繞行了大半個地球。」她曾這麼說。

但是，茶杯容易摔破、攜帶不易，有時行程緊湊，還要分出時間特意打包，讓她越來越頭痛。最後，這套杯子成了她不得不捨棄的東西，被留在南美洲。

又有一次，理蓮要出遠門講道，瑪莉安問她：「萬一在妳出門時發生了天災，那該怎麼辦？以後我怎麼判斷要留多少、給多少？」

「寶貝，如果妳只給予少許，那也只會獲得少許；但如果妳大方地給，那我們芥菜種會的伙伴就會有源源不絕的供應。神都算得很精確的！」理蓮這麼回答。

35 行動，更多的行動

「你的所作所為，遠比你的話語重要。」這是理蓮時常掛在嘴邊的話，還有另一句是一位印度人說的：「基督教是個講得太多的宗教。」

理蓮堅信，行動大過言語。

她也奉行更少的廢話、更多的行動。她曾如此描述樂生院門診的過程：

我們（樂生院的醫護人員）會像對待一般病人一樣，詢問他們：「有任何不舒服嗎？」真是個愚蠢問題！他們拄著拐杖前來，傷口潰爛、腳上綁著繃帶，通常已被截肢、手腳殘廢，還會因此死掉，總是臉色蒼白，或是因為長著瘤，整張臉扭曲著。

「有任何不舒服嗎？」——他們的生活就是一種長期的酷刑！

剛從事兒童工作初期，在一份送到加拿大教區理事會的報告中，她特別這麼註明：「我們有一百五十間戶外主日學校。每個月有一次，孩子們到附近的禮拜堂參加佈道大會。」

然而，理蓮得到的回信卻是冷淡而客套的：「我們相信孩子們是教會裡的羔羊。」

這樣的內容讓理蓮為之氣結，她這麼告訴雅各：「我必須隨時停下手邊的工作，來對付這些廢話遊戲！他們應該來看看『我』的羔羊！」

獵犬般的嗅覺

台灣四、五〇年代戒備森嚴。由於兩岸對峙，幾乎所有國家資源都被用在軍事武力方面。民間的各種社會救助幾乎呈現真空狀態，加上之前兵荒馬亂，一九四九年兩百萬外省軍民大遷徙的結果，台灣處處是需要幫助的人們。如今，回顧理蓮許多工作的進行或者救助個案，皆是出於她極度用心以及獵犬般的嗅覺。

如前文所說，她和雅各收養了一個取名為「美蓮」的孤兒，但自從救出美蓮之後，理蓮心裡總是一直放心不下，特別是工作人員面無表情的模樣，讓她直打冷顫。

有一天，她和戴爾醫生到兒童監獄之後，返回的路上她和醫生提及：「我對於那間孤兒院有一個奇怪的預感，好像會有許多嬰兒死亡。」

這完全不合邏輯也不科學，醫生不知如何回答：「嗯……」

理蓮慌忙解釋著：「只是有一種預感而已……怎樣才能知道孤兒院的真實情況呢？」

說著說著，車子轉進小巷子，車速慢了下來。前方學校路隊人員拉起了交通路障，一群學生小跑步穿越馬路，然後人車又可以通過了。

就在那幾分鐘時間裡，理蓮突然轉頭對醫生說：「你介意我們在孤兒院停一下嗎？」

「當然不介意。」醫生這麼回答。

車子立刻轉向理蓮一直掛心的孤兒院。

結果那天在一個門簾後面，找到一批狀況不佳的嬰兒，還有一名垂死的女嬰，立即被送到馬偕醫院，那女嬰日後被喚為「喜樂」（Joy），是理蓮創辦的嬰兒之家的第一批成員。

家庭教育的秩序

當時的社會，還停留在溫飽滿足的階段，對清潔整齊不甚講究。

從一九七〇年就在花蓮護理班工作的黃桂英這麼形容：「理蓮很嚴厲，每個禮拜到護理班，就會用手檢查各地方是否有清理乾淨……」理蓮要求老師們開學前一個禮拜就回學校打掃，因為老師應該以身作則，也要照顧學生。

有一天理蓮給兒童之家送伙食費，看到孩子們都玩得很開心，負責人也舒服地坐在一旁，但四周環境髒亂，沒人清洗。理蓮知道不能在眾目睽睽之下指責，於是請負責人去到附近的馬鈴薯田。

她直截了當地說道：「這裡是孩子們的家，應該要保持清潔。這裡有三十個孩子，都是小大人了，而我每天在辦公室工作，沒辦法自己出來刷洗地板。」接著她晃了晃手中一疊鈔票，「除非這個地方乾淨了，而且是孩子們自己動手打掃，不然別想有餐費，不只是今天，往後每天都是。」

理蓮把錢帶回家。沒幾天就聽到負責護理的杜愛明驚訝地說：「我第一次不用說任何話，他們就自動自發地打掃收拾。」

理蓮對於清掃、態度懶散這方面的教養，有相當的堅持，「孩子的一生中，總有些時候需要父母的教誨，這裡也不例外；如果一個孩子行為不軌，甚至必須要輟學了，那就是他該出去找工作謀生的時候。我們告訴他們：『除非你去工作，不然就會沒飯吃；這是上帝定的自然法則。我們已經幫助你到這個地步，現在是靠你自己的時候了。』」

面對準備輟學或需要找工作的孩子，她會語重心長地和孩子們說話，然後拿起電話，動用所有門路替孩子找到合適的去處，甚至先照料起居一陣子。

36 媽媽的心思

金錢給出去雖然最實際，但也最表面與淺薄；事實上，理蓮給出的是全副的心思與意念。

自幼在農場成長，求學時又不斷打工，勞動慣了，讓理蓮怎麼都停不下來。開會或坐火車，舉凡閒著的時候，就會做些事。在一九五二年的家書中她提到：在一個星期中，她做了五件格子百摺裙；還替兩個剛學會走路的小男孩買來耐磨的深藍色布料，縫製長褲。

瑪莉安也還記得，養女美蓮有一套粉紅色睡衣，是理蓮親手縫製的。

嬰兒之家、育幼院到兒童之家……要照顧的孩子太多了。理蓮一有時間就幫孩子縫製睡衣，萬一睡衣不合身怎麼辦？這完全不用擔心。孩子這麼多，總會有人剛好合身、可以穿的。

理蓮形容自己：「買東西時，都想著如何大量採購。」有一回她看到孩子的小內褲，一件只賣美金十分錢，她一口氣買了二十五件，還買了七雙鞋子。

相對地，在打扮自己時所花的時間精力，她則視為「無謂的時間和腦力」。她的做法是，找來自己喜歡的洋裝款式，交給裁縫師，接下來便只管找喜歡的布料就行了。粉紅碎花、粉藍小碎花……不同布料、材質殊異、但全部剪裁得一模一樣的洋裝，隨手抓一件套上，就是整齊合宜的「理蓮 Style」。

孫理蓮到南洋時，眾人一定會看到的黑色洋裝，她對自己的打扮毫不重視。

焚棘海外宣道會一位巴布亞紐幾內亞的斐濟籍主教，曾經對瑪莉安說：「妳母親建造了這些學校，但每次她到這裡來，卻都穿著同一件洋裝和同一雙鞋子！」

升級的家務管理

她將「家」之需要外擴的思維與行動，最能顯示於樂生療養院事務的參與之上。樂生療養院某種程度亦像個大家庭：特別是隨著漢生病得以治癒，罹患痲瘋而遭致外形殘破者越來越少時，院區也由原先的「收容」，轉變成另一個難以被社會所接納的「家」。

在這個相對封閉的地方，院友需求各異。有一位面容愁苦、營養不良的病患對理蓮訴說自己的苦處：殘缺變形的手指很難煮飯。

「你自己煮飯嗎？」

他點點頭，說：「每個人都是自己煮飯。我還比較好些呢！有些人根本沒有手，沒有手要怎麼把鍋子從爐火上拿起來啊？」

要用兩隻手臂去夾，才能把滾燙的鍋具從爐火上提起來；加上漢生病會導致沒有知覺，使病友根本不知道燙得有多嚴重，傷口狀況因而越來越糟，反覆循環，完全沒有機會康復。

還有一個人雙眼失明，在他床邊輕輕地彈著手風琴，他卻連頭都不肯轉過來。「我的臉會嚇到人，何況即使我轉過去，也什麼都看不見。」

還有一次，理蓮跟何師母走在小徑上，看到一位拄著拐杖的女士，腳拐了一下，理蓮趕緊伸出手來幫她。

「我笨手笨腳的，真不好意思……這小徑也太不平整了。」院友說。

但不消片刻，理蓮也拐到腳踝，差點兒摔倒了。是啊！有這麼多行動不便的人，小徑卻連起碼的平整都做不到。

她帶來醫生、藥物，但是所有的院友都處在營養不良的狀態。理蓮得到一些奶粉，便趕緊雇用兩個人負責沖泡熱牛奶。每天的清晨時分，每間病房都會送來一桶熱牛奶，每個人都有一大碗喝，可以補充營養。

逐漸地，樂生療養院開始籌畫中央廚房，裡面有水泥砌成的爐灶，爐灶下面有放木柴的地方可以生火。圓形的洞在最上方，可以放大米缸。後來還在廚房的角落，設置了食物儲存櫃。

在「理蓮步道」鋪好後，常可看見四肢健全的漢生病友協助不良於行病友的美麗畫面。

「當耶穌要餵飽五千人的時候，只要一餐。現在，這裡每天需要供應三餐給六百五十人吃，無疑是上帝在餵飽他們。」理蓮這麼說。

某天晚上，理蓮因緊急事件被叫回院區，發現道路太暗了，便趕緊討論安裝電燈的事，院友們晚上更需要安全地行走呀！

幾乎所有院友雙腳都不健全，多數人的雙手也有殘疾，沒有辦法好好地握住拐杖。但偷工減料的小徑，卻老是讓院友跌倒，她想辦法把路鋪好。

「有什麼事情會比把上帝的錢用在鋪得筆直平坦的道路上面，更好呢？」新鋪好的平坦道路，院友們特別取名為「理蓮步道」(Lillian Walks)。

然而，承包商並沒有依照理蓮要的，把道路鋪得極度光滑。理蓮忍不住質問，對方解釋說：「拐杖在平滑的道路上會打滑，有一點摩擦力會更好走。」

原來如此！理蓮心想，這就是為什麼上帝讓我們的道路總是崎嶇不平的原因嗎？苦難真是上天賜下的禮物。

左：院童一臉好奇看著孫理蓮所發的巧克力。右：孫理蓮（發禮物者）為漢生女病友舉辦的交誼茶會。

細節的必要

除了生活細節的打理之外，另有心靈及精神層面的照顧。在樂生療養院的職業治療室，聖誕節會舉辦聖誕派對，在聖誕樹旁分送禮物。理蓮為婦女們準備茶水，讓她們自覺像貴婦般，桌上還放著蠟燭，鋪著桌巾。她平日募集到的首飾、珠寶和衣服，全都包裝成禮物，分送給大家。

理蓮寫信給家鄉的朋友，如此描述樂生院裡過聖誕節的情景：

> 我先用亮色的包裝紙和花束裝飾桌面，訂了精緻的蛋糕和糖果點心，仔細地把從美國寄來的衣物都燙好，盡量讓人們看不出是二手的；每件衣服都摺好，用鮮豔的紗紙包好，繫上緞帶——並不因為他們是漢生病患，那麼弱勢需要幫助，就隨便送給他們。
>
> 在聖誕禮拜和獻詩之後，先喝了些飲料，再把禮物拿給每個人。他們打開禮物，互相比較所收到的，興奮地試穿衣物，舉手投足之間充滿了喜悅。

農曆過年，也容易讓樂生院友難過。如同早先理蓮告訴皮爾斯博士的，是院友自殺輕生機率最高的時節。在那一天，理蓮在職業治療室舉辦新年派對，邀了軍人詩班來唱詩歌。禮拜結束後，有飲料可喝，理蓮則彈奏手風琴來製造背景音樂和歡樂的氣氛。

佈告欄上還有一張張照片：理蓮在聖誕節時特別替孩子們拍照，好在農曆年時讓病友們可以安慰自己說：「我的孩子一切安好，而且過得很快樂。」這也是另一種團圓。

有一回芥菜種會收到幾千磅的巧克力糖，她想到台南北門的孩子：應該沒吃過巧克力吧？便雇了卡車載運到那裡，每個牛奶站都分發。但她生怕孩子們不知這黑不溜丟的東西是什麼，因此要求工作人員示範吃給孩子看：這東西又好吃又無害，大家都來嚐嚐吧！

37 人情世故的極致

「親切待人絕對不會錯。」理蓮常這麼說。相對於把碗盤和衣服洗得多乾淨，她相信上帝更在意是否親切地待人。

一位同仁失去了孩子，理蓮不動聲色地取消巡迴演講，留下來支持他。當一位助手第一次當爸爸時，理蓮特別給他放一星期的假，讓他全心陪伴太太和新生兒。

愛心育幼院的前院長經珮蓮，則對理蓮的體貼特別印象深刻：「在我懷第二胎時，七月要到萬里營地舉辦夏令營，然而八月就是預產期。記得去萬里的那天早上，我拎著一個包包去辦公室交帳，師母就對我說：『妳不用去萬里了，萬里的路崎嶇不平，對妳很危險。他們那些男人，都不知道這有多辛苦！』」

理蓮總是這樣，看見人們真正的需要。

愛到最深處

理蓮領養的孩子——美蓮，進入台北美國學校就讀時，雅各認為要有個聽起來比較像美國

在孫理蓮與孫雅各的細心教養下，美蓮（中）順利長大成人，現定居於美國。

人的名字，就用「孫桃莉」替她註冊。

有一天當美蓮回家後，眼睛看著地上、皺著眉頭，坐倒在椅子上：「我今天在學校哭了！」

「發生了什麼事？」

「有其他小孩嘲笑我，說我是從垃圾桶撿來的！」

理蓮一聽，馬上就明白是怎麼一回事。

理蓮坐在她身旁，摸摸她黑色的頭髮，說：「每個人都知道自己的爸爸媽媽是誰，知道他們做些什麼，但沒有人知道妳的，所以妳才這麼與眾不同。就我們所知，妳的身世可能是個公主喔！」

美蓮一聽到這些，眼睛都亮了。

「現在，妳的言行舉止，也要表現得像公主一樣喔！」

理蓮這番話，消除了美蓮心中的陰影與不安，也感受到理蓮對她深深的愛。

除了美蓮，被理蓮以獵狗般嗅覺從孤兒院救出的奄奄一息女嬰「喜樂」，後來在樂生療養院找到了媽媽。

媽媽帶著小小的「喜樂」，要離開了。

「再也不要踏入樂生療養院。」理蓮鄭重給了忠告。

「不要談到它，也不要來探望我，不要做任何會使妳和漢生病牽扯上的事。這不只是為了妳好，也是為了妳的孩子。」

那女子曾經回來拜訪過一次，後來結婚了。理蓮曾經在街上看到她牽著走路搖搖晃晃、學步中的「喜樂」，雙方都當作不相識。再沒有比這更淋漓盡致的愛了。

伸手不打笑臉人

樂生療養院開始興建聖望教會之後，因為禮拜堂一個小工程的施工，惹來附近佛堂的抱怨。「我們的住持曾經說，有一條龍躺在這裡。你們剛好把這工程蓋在龍的頸部，對牠很不尊重，請你們搬開。」佛堂的人這麼說。

承包商和基督徒都嚇到了。「現在搬離會花更多的錢。」承包商說。「我們不相信有龍的存在，不需要被他們的傳統約束。」基督徒義憤填膺。

理蓮讓他們安靜下來。「我們會嘗試用上帝喜歡的方式來做這件事情。如果按照祂的方式要花更多錢，祂會幫助我們找到需要的錢。祂也希望我們跟鄰居和平相處，不要有任何嫌隙。」她計劃去找佛教徒當面談談。

「我們很願意搬走這棟建築物，但是你們要告訴我們，哪個地方是你們覺得合適的。」理蓮這麼跟佛教徒們說。

「我們會讓你們知道的。」對方的敵意明顯軟化了。

在雙方言談之間，有沒有搬走似乎變得不是那麼重要了。「有時候，我們會到你們的教堂去聽聽禮拜，而你們也可以過來看看我們在做什麼。」

後來，佛教徒們這麼說：「再次跟住持諮詢過了，他說你們不需要搬走這棟建築物。」他們特別送來開花的灌木，種植在禮拜堂周圍，用來「化解」龍的脖子的不適。還有另一條訊息更為友善：「我們喜歡聽你們唱詩歌。」

不居功是秘訣

早期山區的禮拜堂幾乎都是就地取材，用竹子建造。原住民非常善於利用漫山遍野的竹子，甚至用來作為免洗餐具，砍下竹節上下各一小截，用完就丟掉。但是，竹製教堂並不牢靠，頂多只能撐個幾年，一旦遇到颱風或豪雨，就會被夷為平地，需要重新再蓋。

「有其他方法嗎？」大家討論。

理蓮很想大叫：「河床上都是石頭，可以用來蓋房子，為什麼不用？」但她換種方式說：「河裡都是石頭，你們真是幸運，有這些石頭可用。」

「但是河流都在山下，我們在山上，石頭好重喔！」

理蓮溫柔地說：「假設，每個家庭每天負責搬四塊石頭到禮拜堂基地去，這樣用不了多久便能完成。還有，」她接著補充說：「我想我們可以找到人提供水泥。」

就因為理蓮提出的這個想法，十年內，山上建造了大約四百間石頭禮拜堂，有許多是依照

許多原住民部落因孫理蓮的巧妙鼓勵，開始興建堅固的石頭教堂。圖為位於宜蘭大同鄉的茂安禮拜堂。

在颱風過後，孫理蓮必定會前往原住民部落探訪，照片攝於一九七〇年。

雅各的設計來建造。工程所需要的水泥費用是三百美元，都是由美國、加拿大的教會和善心人士來支付。

在男尊女卑觀念極為嚴重的當時，雅各這麼告訴理蓮：「妳隨時可以借用我的名義。」一九五〇年，在她走訪七十間原住民部落的教會時，每到一處，便固定會舉辦禮拜，並和教會的長老執事見面。當時台灣還不太能接受女人在會議中發言，這也是那趟旅程會特別邀請張承宗牧師陪同的原因之一。只要理蓮有想法，她會技巧性地措辭，換個方式說：「我只是個女人……」、「現在我有一個建議，也許並不是很好……」沒多久，這個想法就會影響到另一個人，進而被當成他自己的想法來積極鼓吹。

「如果你不介意誰得到功勞的話，你可以做許多想做的事情。」她總是這樣說。

「我先生可不會准許……」這也成為她拒絕某件事情的「理由」，而「我不過是個女人……」更是她經常使用的開場白。

38 強悍的小女人

在山區宣教時，有一天理蓮正要到過夜的屋子休息，突然三名基督徒急急忙忙地從屋子邊的小路跟了上來，說：「這一區有位頭目一直在迫害基督徒！」

原來這位頭目一聽到有人信了耶穌，就會率領一群人趁著半夜把對方揍一頓，甚至連寡婦和老人都不放過，他也會想法子把他們的錢都騙走。

「他住在哪裡？」理蓮咬緊嘴唇。

「山谷下面的另一邊。」

「我們走！」語氣嚴厲極了。

就這樣，一行人在月光下沿著一條黑漆漆的小徑前進。到了目的地，理蓮他們說話的聲音先吵醒了一位女眷。理蓮說：「我一定得見到他。」

「他已經睡了。」女眷回答。

「我有要緊的事！」

沒多久，那人睡眼惺忪地來到門口，渾身都是酒氣。他定睛一看，眼前竟是一個白人女性。

「我聽說你一直找基督徒的麻煩。」理蓮激動極了：「如果我聽到你再傷害基督徒，我就會來找你的麻煩，大麻煩！」說完，她轉身大步離開了。

此後，那一帶再沒有傳出基督徒被騷擾的事情。

我自己來簽！

國民政府撤退到台灣之後幾年，由於戰爭隨時可能發生，留在台灣的宣教士越來越少。六月裡的一天，理蓮跟雅各提起她的顧慮：「這是所有人都該禱告的事，而且應該要求教會都一起禱告，請上帝介入調停，阻止共產主義入侵。」

「我贊成，還有其他想法嗎？」

「我認為應該有人公開代表教會發封信，簽個名，鼓勵大家禱告。」

雅各同意了：「很好，妳來找人簽名。」

理蓮立刻著手進行，但是找不到任何人願意簽名。

「為什麼？你不認為這是個好辦法嗎？」她問一個拒絕的人。

「好的不得了！」他說：「但是如果我們簽了名，等共產黨來的時候，誰簽名誰先被抓。」

「那我自己來簽名！」她這麼做了，也把信發了出去。

過了一個星期，一九五〇年六月二十七日，杜魯門總統宣布美軍第七艦隊駛入台灣海峽。

理蓮完全不感到意外：「現在我們得另外發一封信，提醒教會要安排一個感恩日。要感謝主，而不是美國。美國的立場搖擺不定，但主很堅定。」這一次要找人簽名，完全不成問題了。

沒多久，「孫牧師宅」來了一名訪客。三十出頭的女士，戴著一副深色眼鏡，看起來莫測高深得很。理蓮在客廳接待了她。

「妳從明尼蘇達州來的？」訪客直接問理蓮。

「妳怎麼知道？」理蓮直直地看著她說。

「我們……還知道更多妳的事情。妳為什麼不像其他的宣教士一樣回家鄉呢？」

「因為我的工作在這裡。」

這位訪客拿掉她的眼鏡，望向窗戶，半晌後又把眼鏡戴上，瞪著理蓮。她心想：這女人矮到坐進沙發，連腳都碰不到地面呢！

「如果共產黨來了，妳怎麼辦？」

理蓮笑了起來：「我會禱告，然後繼續工作。」

這位女士再次摘下又戴上眼鏡，看著理蓮。「妳是不是有發過一封信？」

「有啊，我發過，我知道妳指的是哪封信。」

這位女士站起來準備離開，輕聲說：「那樣很危險，共產黨來的時候，會知道。」

是的，很危險，理蓮也知道。

行事的智慧

和蔣介石夫婦關係向來良好，使得雅各和理蓮在宣教及社會救助工作上，得到更多的資源與方便。對他們來說，自己就是宣教士，目的在於傳揚基督信仰；並且在這前提之下，展開了與台灣相關人脈的交流。

一位美國來的西格瑞夫醫師（Dr. Seagrave），因為出手搭救一位受傷的反政府克倫族（Karen）人，得罪了緬甸政府，而被關進了監獄，久久沒人理會。

一位牧師前來告知這件事，雅各這麼說道：「為什麼不成立一個組織，寫一封正式信函，看看我們能不能進去那裡把他救出來呢？」於是他在信紙上印了「維護人權與社會正義國際委員會」（The International Commission for the Defense of Human Rights and Social Justice）。

雅各給自己「派令」的職位是「遠東區委員」，而那位前來告知的牧師則被授命為秘書長。雅各再把另一位在美國大學擔任教授的好友——哈里斯博士——掛名為會長。

就這樣，以「遠東區委員」的名義，雅各寫了封措詞強硬的信，讓哈里斯博士帶著，不只取得了緬甸簽證，還爭取到和被囚禁的西格瑞夫醫師見面的機會。他說服醫生向緬甸政府道歉，很快就順利獲釋，平安地離開。小困難，大順利。

幾天後，美國大使館打電話到孫牧師宅。「請問真的有一個『維護人權與社會正義國際委員會』嗎？」美國大使問道。

「有的。」雅各回答。

「那請你告訴我，那位會長知道他是會長嗎？」那一頭輕聲地說。

理蓮聽了大笑。

39 串連資源，串連愛

理蓮視資源是一種愛的傳達：「祂的旨意是，讓基督徒的憐憫從美國來到這個黑暗之地，並且帶來了藥品、床、安慰以及關懷的愛；因為我們無法給予院友任何物品，所以祂讓在美國的基督徒將這些東西寄來，我們再送給院友。難道我們不該傳達這份心意嗎？」

資源串流，包括了最微小、最邊緣、最不被視為正統宣教工作的事。

她總是說：「這些都是一個母親會為孩子設想到的事物。」一九六八年，在書信中她這麼回憶道：

第一次抵達少年之家時，我並沒有通知男孩們。他們很慌張地集合在一起，看起來不夠乾淨，有些還留著又長又亂的頭髮。

但她很快就發現，少年之家裡面根本沒有鏡子，孩子們如何整理儀容？於是她幾天內就設置了六面和成人差不多高的鏡子，同時叮囑負責人：「早上六點就要有熱水，並且持續一整天。我會寄肥皂、梳子跟髮油給每個男孩，也會告訴理髮師傅為孩子們理髮。」

另外，理蓮又想到：身為女人，誰會不想要配戴像是珠寶這類如夢似幻的飾品？所以她寫信說：

在美國，每個女人總會有一些永遠穿戴不到的首飾。一些首飾，就可以讓這裡的女人感受到無限的喜悅。

信寄出去沒多久，被淘汰的首飾陸續到來——不成對的耳環、些微變形的手環、部分遺失的珠寶套組。理蓮拿著單支耳環，開玩笑地咕噥道：「很多人一定以為我們這裡的女人只有一隻耳朵。」

她決定在家裡舉辦一個耳環派對，找了兩、三個朋友來幫忙，從一團又一團糾在一起的珠寶中拿出首飾，再包裝好——一對耳環、一條項鍊，也許每一包再多放個胸針，這些都可以在聖誕節或農曆年時分送出去。

碰壁沒關係

美國人的身分，讓理蓮似乎更「方便」引進資源，但事實上，碰壁的時候不少。想想，台灣人民或國民政府會買你美國人的帳，美國人可不一定。理蓮曾經為了讓漢生病友可以看些電影，到美國新聞處（United State sInformation Service）去，對答如下：

「我知道這裡有關於美國生活的電影和幻燈片。有人需要的時候，可以放映。」

負責的員工點了點頭說：「是的。有團體想要嗎？」

「我需要。可以每週放映一次，給樂生療養院的院友看嗎？」

這名員工甩著手中的筆，想了又想，回答：「孫太太，這聽起來可能有一點殘酷，但是樂生療養院在政治上並不是重要的團體。這裡只處理政治上的事。」

被拒絕了，理蓮失望得很。

她把這件事寫到定期寄發回美國的募款信件裡面，有感而發地說：

孫理蓮與美軍合作，將募得的物資，經由「握手計劃」（Operation Handclasp）不定期地運送來台。

孫理蓮看著美國捐來的物資，思考如何分配給台灣需要的民眾。

為了讓更多人知道芥菜種會所做的工作與需要，孫理蓮定期回美國，向民眾說明。圖為一九五六年受皮爾斯博士（左一）之邀，在美國的電視節目上介紹芥菜種會。

是的，樂生療養院的院友不富有、又沒有權勢，在政治上並不重要。可是他們仍然生活在「自由中國」*，基督也是他們的救主，祂來到這世上，短暫的一生，關心了漢生病人並且治癒了他們，展示了憐憫跟同情。

這封信在紐約市的主日學課堂上被頌讀，後來轉送到國務院。很快地，一名官員叩響「孫牧師宅」的大門，說：「我們很願意提供給樂生療養院觀看所有電影。」

受到美國新聞處態度轉變的鼓勵，理蓮前往拜訪美國援助總會：「樂生療養院需要幫助。」

對方說：「痲瘋病就是漢生病，妳要去醫療部門。」

理蓮到了醫療部門，得到的答覆卻是：「孫太太，我們並不是慈善機構！」理蓮離開的時候，說話的人看著她的背影，直搖頭。

幾個月之後，一通電話打給理蓮：「妳前些時候有拜訪我們的辦公室，為樂生療養院尋求幫助。」對方開門見山得很。

「但你不是原先跟我交談的那個人。」

「我知道。他轉職了，現在由我負責。我想跟妳談談樂生療養院的事情。」

不久後，理蓮帶著這位「新官」到樂生療養院。不知怎麼地，竟不約而同透過一個窗戶，看到了一間只有抹布的空蕩蕩地牢。

「這是什麼？」官員問。

「那是關漢生病囚犯的地方。」

這位美援官員因為這景象而深受震撼。不只決定協助這裡，並在他任內前後撥款三十萬美元，來興建七棟院友的宿舍。

遊走在剃刀邊緣

理蓮及芥菜種會的相關工作，主要推行於台灣戒嚴時期。在那個極度保守、個體扁平化到極致的年代，人們只要稍有不同，即被異樣眼光看待，甚至遭到徹底抽離式的排除。而理蓮如何可以藉由醫療、社會救助兩大區塊，以一種毛細現象滲透的宣教模式，對台灣社會無孔不入地產生巨大影響力呢？

一則為其美籍人士的身分；二則導因於雅各與其背後海內外之長老教會系統的支持；三則當權之蔣氏父子乃至宋美齡女士亦刻意攏絡，相對「買帳」，雙方關係友好。以理蓮的務實取

---

* 在當時冷戰的架構下，孫理蓮時常標榜台灣為反共最前線的「自由中國」，以尋求美國鄉親的支持與援助。

孫理蓮與蔣宋美齡（左）素來友好，甚至養女「美蓮」的名字就是來自「美齡」的台語發音。

向，這些關係必然提供給她相當程度的安全感，使她敢在體制或前人的腳步之外有所嘗試，敢於與眾不同。

在二次戰後台海危機之時，要參觀金門，可能遭受炮擊，有一定的風險。有一位女性想去參觀，但被這樣告知：「女人不能過去！」

這時，蔣夫人宋美齡女士用一個簡單直率的問題，就輕鬆粉碎了這項成規：「有何不可？」

之後，每當碰到意想不到的事情時，理蓮便常常自問：「有何不可？」

在一次與宋美齡女士的下午茶中，理蓮詢問台美關係。宋美齡女士徐徐舉起手中的瓷杯道：「就像杯子，不小心摔到，就算修好，裂痕總還會在。」

由此對話可見，當時國民政府亟需美國支持的戰兢。這種戰兢自然會衍生

內政部於一九六九年頒給孫理蓮（右二）特種獎狀，表揚她對台灣一直以來的貢獻。

成對美籍人士的特意攏絡態度，理蓮要從事各種社會救助，又如何不能得到更大的空間，並得到官方的網開一面？

媽媽的家庭情懷

如今回頭去看，只覺得理蓮的救助工作多得嚇人，碎片化而無孔不入地鑲嵌於台灣社會每一個需要的地方，甚至包括了當時最主流、最前端的廣播工作也都有涉略。

她的種種工作，於四〇年代開始，她以個體戶的形態間斷地進行；到了五〇年代，得到社會回應與海內外基督徒的支援，各項救助工作大量迸發；然後是六〇年代，社會需要不斷竄升；到了繁花茂盛的七〇年代，因為經濟起飛，社會的公益機構四處興起，以往一支獨秀的情況不再，相關業務得以收縮並進行整合。

到了八〇年代，由於全球化趨勢的影響，社會公益機構開始強調專業化，以及「全球在地化」和「在地全球化」。公益團體全球化之後，又結合大傳媒體，讓「善行」與「行善」成為格外受到揄揚的榮耀。

也於此時，隨著蔣氏父子去世，台灣進行第一屆總統直接民選，政治面向迴變；加上雅各安息，使得長老教會的支持在某種程度上「政隨人息」而緩步弱化——種種外在因素，促使理蓮無所不包的救助工作，開始進行調整。

或許有人會問：理蓮創辦的芥菜種會，為什麼沒有乘著全球化之風，迅速擴展？

由理蓮的經營思維來細探，或許，她從來就沒有把這視為一項必須永遠經營的工作或事業，而是將一個媽媽的家庭情懷往外無限擴展。身為一位母親，面對「需要像海洋一樣大」的世代，當然要盡其可能地舀起自己的一瓢水，用以滋潤那個乾渴的世代——而芥菜種會，便是那個世代的成果。

40 最美好的傳承

人的一生只有一次，她在台灣整整待了五十年。這五十年的歲月，被她用到極致。一九六七年六月十五日，雅各因肺癌去世。

那個月底，理蓮寄出的書信上寫著：

我們很想念他，這真的讓我們很心痛。但我們知道雅各去哪裡了，我們以後也會去那個地方。同時，我們也繼續為上帝工作，檢視有哪些事情被遺忘或是尚未完成的。

死亡只是暫時告別，必然還有再見面的機會，理蓮更看重的是手邊的工作要如何持續。

懷念雅各

支持者也秉持同樣的心志：雅各追思禮拜後的第二天，芥菜種會收到一封附上支票的信，要幫助少年之家建造一個小教堂。

左：孫理蓮（右一）神情落寞地參加孫雅各的告別式，她深信日後會在天堂與他相遇。右：孫雅各是孫理蓮一生最強而有力的支柱。照片為兩人慶祝結婚二十五週年。

對理蓮來說，這彷彿是來自天上的信息：「繼續妳的工作，我還在這裡陪伴著妳。」上帝親口說。

從理蓮的書信中可以得知，一九六七年五月時，雅各已經身體不適，醫生也不看好；親愛的布農族人每天凌晨一至四點，都會特別為雅各禱告。理蓮也曾經至少告假六個禮拜，專門照顧雅各。

到了六月十五日，雅各去世。落在全球好朋友手中的電報只有簡單幾個字：「雅各安息主懷。」

很難想像那時理蓮的心情。她必然早有預備，但預備與真正臨到，感受又截然不同。

這對夫妻，一動一靜；一個豪爽四海一個務實沉著；甚至連身高外表都是那麼強烈的對比。理蓮必然還記得兩人初見面時，那走路幾乎要彈跳起來的牧場青年——腦筋動得這麼快、這麼善於經營。後來這個青年奉獻自己，也同樣這麼賣力，他始終是上帝那個精明又良善的管家呀！

那麼長的宣教歲月裡，雅各總是拼命往前衝，把整個家丟給理蓮。但這個「丟」的動作背後，又代表著他對理蓮有多麼放心，連件褲子都要理蓮找，還連蜜蜂都帶回家。

比半個世紀更長的相處，理蓮一定哭了又笑，也或許只是靜靜坐著，委實有太多太多回憶了……

寄給遠方的支票

時間逐漸過去，理蓮的體力越來越差，這是無可避免的事。到了一九八二年十二月，理蓮已不再進辦公室。

那一年接近聖誕節時，在幾位「兒童之家」的男孩攙扶下，她來到芥菜種會三樓的辦公室。知道自己來日無多了，但可以坐在自己的辦公桌前，依舊令她開心。助理林純蓉打開保險櫃，取出理蓮的支票簿，特地為印尼加里曼丹的部落學校開了一張支票，先支付了雙溪檳榔區（Sungai Pinang）和加拉丹島二所學校的老師們六個月的薪資。那時台灣的芥菜種會還沒有人去看過那兩間學校，理蓮更沒去過，只聽說位於河川上游。

那也是理蓮最後一次進辦公室。

之後便住進醫院。隔年一月十二日，醫生說理蓮可以回家了。瑪莉安既驚且喜地從辦公室帶回信件和支票，只見理蓮穿著心愛的印花洋裝，愉悅地坐在窗邊。瑪莉安注意到她字寫得比

即使體力大不如前，孫理蓮仍四處探訪。她在旁人攙扶下，最後一次來到樂生院探視漢生病友。

之前好，握筆的手相當有力。

一返回自己的家，瑪莉安就接到理蓮的電話：「我的新秀麗（Samsonite）旅行箱，在哪裡啊？」

「妳給我了，在我這兒。」

「還有，瑪莉安，別對妳的孩子們那麼嚴格。」瑪莉安有一對雙胞胎，理蓮不忘叮囑。那也是她對瑪莉安所說的最後幾句話。

第二天也就是一月十四日，早上五點半，瑪莉安因為要早禱，提早起床準備早餐。此時電話響起，理蓮的護士來電：「妳的母親睡得很不尋常，要等妳來，還是先叫救護車呢？」

瑪莉安立刻叫救護車，並且在醫院裡會合。但醫生到達時，就宣告理蓮已經過世。

「妳可以用我的電話。」醫生握著瑪

莉安的手，讓她去通知相關人等。

有一通電話撥給了遠在印尼的加里曼丹，在那裡的潘楊說：「我聽到孫牧師娘喊著我的名字！我就知道她已經離開了！」那是一月十四日六點鐘。

理蓮在一九八三年辭世，享壽八十二歲。她的遺體葬在台灣神學院，就在雅各的墓旁。雅各的墓碑由蔣介石落款，而理蓮的墓碑則由蔣經國提筆寫下。另外，兒子萬福的墓也在那兒。

在台北近郊還有兩個小小的墓，分別是雅各與理蓮第一個、第二個孩子的墓，那是早年來到福爾摩沙時，「五個有兩個無法留下」的宣教士「配額」。

被退回的雕像

事後瑪莉安收拾理蓮的遺物，找出兩張填充物早已外露的破舊床墊。

她也在理蓮上了鎖的「新秀麗」旅行箱中，看見裡面放了一個美蓮送給她、用錫線寫

孫理蓮的告別式。左為女兒瑪莉安，右為女婿唐華南。

安葬於台北市陽明山的孫雅各（右）與孫理蓮（左）。

成的「母親」別針，萬福嬰兒時期的鞋子，瑪莉安的第一件小洋裝，英屬圭亞那一個婦人贈送的金胸針，以及一小塊刻有聖望教會字樣的金牌。

追思禮拜過後不久，幾位樂生療養院的院友來找瑪莉安。

「我們想為孫牧師娘打造半身雕像，這樣可以經常有她相伴。」

瑪莉安找出一張合適的相片，讓他們去複製。

結果，「師傅在她臉上放了皺紋！我們要記住的是她年輕時的模樣！」院友們抗議。是的，理蓮走進樂生療養院時，還不到五十歲呢！

但等雕像再度完成時，又發現雕像沒戴項鍊……「她總是帶著項鍊！」院友們再度抗議，雕像又被退回來。

雕像似乎怎麼做都不像。事實上，沒有任何一尊雕像，可以及得上理蓮在眾人心目中的美好形象。

一切仍在發生中

值得一提的是，理蓮去世之後，芥菜種會的工作伙伴發現，竟然有十萬美元的赤字。

怎麼辦？精神指標的象徵人物已經去世了，芥菜種會要何去何從？從實際面來說，當時借款利息高達百分之十五或十六，如果向銀行借錢，欠款很快會是天文數字。還是他們應該結束一些工作，或是換取現金？最後全體決定，仍要繼續鎖定幾項救助工作。

瑪莉安回到美國加州的總辦公室，發出了十二封信向教會說明，並非要尋求奉獻，而是要舉辦巡迴演講，和青少年們談談生命的投資——無論理蓮是否安息，無論債務是否高到嚇人；將上帝放在生命的首位，仍是唯一的選擇。

到了巡迴演講的尾聲，來自總辦公室的訊息傳來：一位基督徒過世了，留下一份遺產給芥菜種會，剛好是美金十萬元！

上帝自己出手，動人的篇章尚未完結。

孫理蓮與芥菜種會大事記

1901年　出生於美國明尼蘇達州
1927年　與孫雅各宣教士結婚，並一同至台灣宣教
1931年　兒子萬福（Ronney Dickson）出生
1932年　女兒瑪莉安（Marilyn Dickson）出生
1940年　孫理蓮一家離台返國
1941年　至南美英屬圭亞那宣教
1947年　孫理蓮一家再度來台
1948年　協同門諾會進入原住民部落，開展「山地巡迴醫療團」服務
1949年　進入「樂生療養院」協助漢生病患
1951年　展開視障服務工作
開始每月向加拿大、美國的友人與教會寄出報告書信
1952年　以「芥菜種會」之名展開救助工作，為漢生病患興建聖望教會
1953年　為漢生病患的孩童設立「安樂之家」與「慈愛之家」，為無家可歸的孩子設立「兒童之家」與「兒童之家別館」

1954年 芥菜種會（The Mustard Seed, Inc.）在美國加州政府立案

1955年 成立「基督教山地中心診所」（埔里基督教醫院前身）

1956年 陸續於南投埔里、花蓮山廣（佳民村）、台東新港（成功鎮）、台東關山、屏東新埤設立「肺病療養院」

相繼於南投埔里、台東關山、新北樹林、花蓮成立「幼稚園保姆訓練班」

1957年 於新北新莊設立「愛心育幼院」，為身障者設立「慈愛殘障之家」，並推展監獄關懷工作

1958年 於全台沿海地區設立二十五處牛奶供應站

於花蓮成立「義工學校」（農牧、木工與汽車修護），陸續於埔里、花蓮成立「女子護理學校」

1960年 為台北的流浪少年設立「少年之家」（現位於花蓮）

為原住民在花蓮市、台東關山、台東市、屏東新埤、南投埔里等地設立「馬利亞產院」

於台南北門成立烏腳病免費診所（憐憫之門），與王金河醫師、謝緯醫師是早期烏腳病醫療的鐵三角

1962年 「財團法人基督教芥菜種會」在台灣正式登記立案，為全台第一個立案的社福組織

設立「墊腳石補習班」幫助原住民學生升學，陸續於花蓮、樹林、

澎湖成立女子習藝所，並廣設閱覽室

1963年 贊助原住民《山光月刊》出版及教會禮拜堂興建

1965年 於新北成立萬里營地（今孫理蓮紀念營地）

1967年 丈夫孫雅各過世

1968年 延續孫雅各的遺願，成立「焚棘海外宣道會」，開啟原住民牧師至南洋宣教

1970年 為未婚懷孕婦女設立「待產媽媽之家」

1971年 於巴布亞紐幾內亞設立義工學校（農業、木工）、手工藝中心和社區中心

1973年 於印尼設立基督教學校、農業職業學校

1975年 收容安置越戰華僑難童

1982年 兒子萬福過世

1983年 逝於台北，長眠於台灣神學院；芥菜種會事務由女婿唐華南宣教士接手

1992年 唐華南因身體因素卸任返美，芥菜種會開始由台灣人接手進行社福工作

1992年 花蓮開辦松年學苑

1994年 花蓮設立丰牧安養中心照護部

1996年 設立新北市主仁養護中心
1997年 推展馬來西亞砂拉越及印尼海外救濟慈善服務
2000年 推展中南半島海外救濟慈善服務
2002年 推展非洲史瓦濟蘭海外救濟慈善服務
2008年 推展柬埔寨孤兒貧童救濟服務
2010年 與教會合作，擴展國內兒童青少年認養服務
2011年 推展花蓮地區老人社區工作
2012年 成立花蓮習藝所、南區服務中心
2014年 成立中區服務中心、推展印度孤兒貧童救濟服務；成立復興服務站
2015年 推展尼泊爾災後孤兒貧童救濟服務
2016年 成立南港服務中心、成立花蓮食物銀行轉運站
2017年 推展巴基斯坦孤兒貧童救濟服務、成立台東服務中心、成立台南服務中心；推展全台社區食物銀行；承接新北市類家庭安置服務；推展社區支持性照顧服務（以樂家園）
2018年 成立新興服務站、桃園服務站

播種一個夢想
看著它發芽生長

由孫理蓮女士創辦的芥菜種會，是台灣第一個立案的社會福利組織。「芥菜種」是中東地區一種灌木的種子，是百種中最小的，但長大後卻能長成三尺以上的大樹，在聖經中比喻為「信心」──只要有小小的信心，也可成就大事。
芥菜種會以「芥菜種的信心與希望，建全兒童青少年發展，建立社區支持網絡，讓慈愛與公義永流」為機構使命，持續秉持孫理蓮女士的精神，致力於弱勢兒少、婦女與銀髮族的服務，陪伴每個希望的種子發芽生長。

服務現況

1. 兒少安置服務

愛心育幼院：採家庭式照顧，給予孩子生活照管、課業及心理輔導。
少年之家：家變、經濟弱勢、高關懷少年的庇護所。
培心家園：提供新北市有緊急收容需求的少年一個安全、隱密的安置處所。
社區安置服務：連結社區資源網絡，提供需要照顧的孩子安全的家庭住所。

2. 社區服務

國內貧童扶助：提供弱勢貧困兒少經濟補助，保障其順利就學與穩定生活。
社區長者關懷服務：關懷長者身心靈的需求，營造良好而適合的社區環境。
社區食物銀行：以不浪費為宗旨，將即期食物及物資分享給社區中有需要的人。
青年就業培力：幫助 16 至 24 歲失學失業青年，提升就業知能。
社區支持性服務：與政府合作，重建家庭功能，使受助者身心靈健全發展。
防救災服務：加強社區民眾的防災意識，於災難到來時投入關懷、安置、物資發放等工作，協助災區居民生活重建。

3. 社會企業

花蓮習藝所：以親近自然、友善土地、健康養身與社會參與作為核心價值提供各式服務。
孫理蓮紀念營地：如今為靈修中心，安排一系列心靈與靈修課程，讓人們心靈得到飽足。

4. 海外服務

以教育為起點，提供貧童受教育的機會，協助改善其生活環境，降低因天然災害所造成的流離失所，以能擁有穩定的生活。

歷年服務人數（統計至 2018 年底）	
原住民托兒所、幼稚園	13,500 名
馬利亞產院	23,000 名
原住民學校（義工學校、習藝所、保姆班、護理班、墊腳石學校等）	10,971 名
原住民肺病療養院	3,412 名
平地／山地免費診所	820,000 人次
樂生療養院服務	1,200 名
烏腳病免費診所	1,352 名
視障服務	300 名
監獄福音服務	15,000 名
機構式安置服務（育幼院、少年之家、培心家園）	5,208 名
社區安置服務（類家庭、以樂家園）	89 名
國內弱勢兒童服務	4,495 名
海外弱勢兒童服務	1,935 名
長者服務（安養、日托站、長青學苑、關懷據點）	1,552 名
青少年服務（中輟學園、職業培力）	2,712 名
家庭服務中心／社區弱勢家庭方案服務	38,150 名
社區食物銀行物資發送	176,452 名

和芥菜種會一起幫助弱勢族群

邀請您成為我們的「助長園丁」，一起幫助弱勢兒童、少年與長者，讓小小的種籽在愛中茁壯。

◆捐款方式

1. 線上捐款、超商捐款
   請上芥菜種會官網，
   網址為：https://www.mustard.org.tw/
2. 郵政劃撥
   帳號：00007134　戶名：財團法人基督教芥菜種會
3. 郵局自動轉帳、銀行自動轉帳
   請來電 (02)7705-9292 索取授權書，填寫後寄至芥菜種會
4. 手機即時捐
   台灣大哥大用戶　請直撥 518024
   中華電信用戶　　請直撥 51101
   有任何問題，歡迎來電 (02)7705-9292 或郵寄至 24159 新北市三重區重新路五段 609 巷 4 號 9 樓之 2，基督教芥菜種會收

國家圖書館出版品預行編目資料

一百萬封情書：美國奶奶孫理蓮的深情人生 / 鄭維棕、楊淑清著. --
初版. -- 臺北市：啟示出版：家庭傳媒城邦分公司，2019.12
面；　公分. -- (智慧書系列；16)

ISBN 978-986-98128-2-5 (平裝)

1.基督徒　2.臺灣傳記

783.3886　　　108019273

智慧書系列016

一百萬封情書：美國奶奶孫理蓮的深情人生

作　　者／鄭維棕、楊淑清
授 權 人／財團法人基督教芥菜種會
企畫選書人／彭之琬
總 編 輯／彭之琬
責任編輯／李詠璇

版　　權／黃淑敏、翁靜如、邱珮芸
行銷業務／莊英傑、周佑潔、林秀津、王瑜
總 經 理／彭之琬
事業群總經理／黃淑貞
發 行 人／何飛鵬
法律顧問／元禾法律事務所 王子文律師
出　　版／啟示出版
臺北市104民生東路二段141號9樓
電話：(02) 25007008　傳真：(02)25007759
E-mail:bwp.service@cite.com.tw
發　　行／英屬蓋曼群島商家庭傳媒股份有限公司城邦分公司
台北市中山區民生東路二段141號2樓
書虫客服服務專線：02-25007718；25007719
服務時間：週一至週五上午09:30-12:00；下午13:30-17:00
24小時傳真專線：02-25001990；25001991
劃撥帳號：19863813；戶名：書虫股份有限公司
讀者服務信箱：service@readingclub.com.tw
城邦讀書花園：www.cite.com.tw
香港發行所／城邦（香港）出版集團
香港灣仔駱克道193號東超商業中心1F　E-mail: hkcite@biznetvigator.com
電話：(852) 25086231　傳真：(852) 25789337
馬新發行所／城邦（馬新）出版集團【Cite (M) Sdn Bhd】
41, Jalan Radin Anum, Bandar Baru Sri Petaling, 57000 Kuala Lumpur, Malaysia.
電話：(603) 90578822　傳真：(603) 90576622　Email: cite@cite.com.my

封面設計／李東記
排　　版／極翔企業有限公司
印　　刷／韋懋印刷事業有限公司

■ 2019 年 12 月 26 日初版　　Printed in Taiwan
定價 400 元

ISBN 978-986-98128-2-5